善用

與內心怪獸共處，接納最真實的自我

ACT療法

武藤崇——著

藍嘉楹——譯

ACT 不安・ストレスとうまくやる メンタルエクササイズ

你是否也曾發生過類似的情況？

只要想到過去的慘痛經驗 就感受到發自心底的冷顫

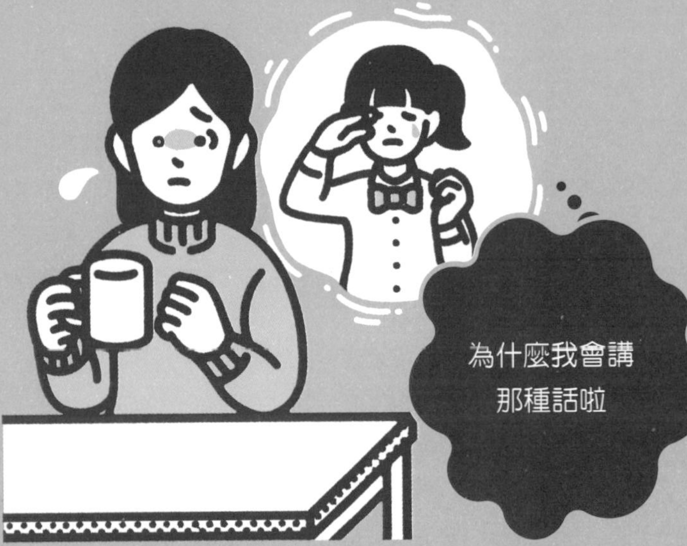
為什麼我會講
那種話啦

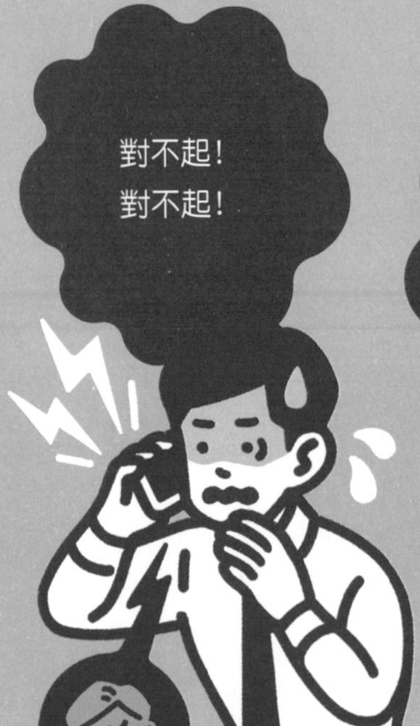
對不起！
對不起！

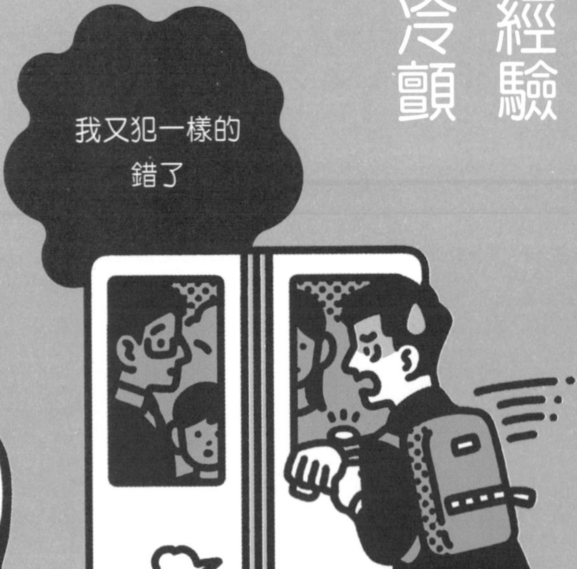
我又犯一樣的
錯了

腦中出現一個聲音。
想到自己
這麼蠢
就欲哭無淚
一輩子的
恥辱!
我真的是個沒用的人
真的很抱歉,
請你忘了
這件事吧~

想忘記卻偏偏忘不了
那些傷我好深的一句話

醜人
但老實說我也這麼想。
你幫不上忙
很抱歉，
我實在
沒辦法耶
他們說的……都是真的吧。

失去了無可取代的寶貴時光

每次想到都覺得難受。因為

時光無法倒流都是我的錯。

無法抑止地湧現
憤怒與悲傷

腦中出現一個聲音。隨著時間流逝，內心愈發沉重。
真不體貼人！
到底要我等多久！
無法控制情緒最差勁了

不安的理由有千萬個

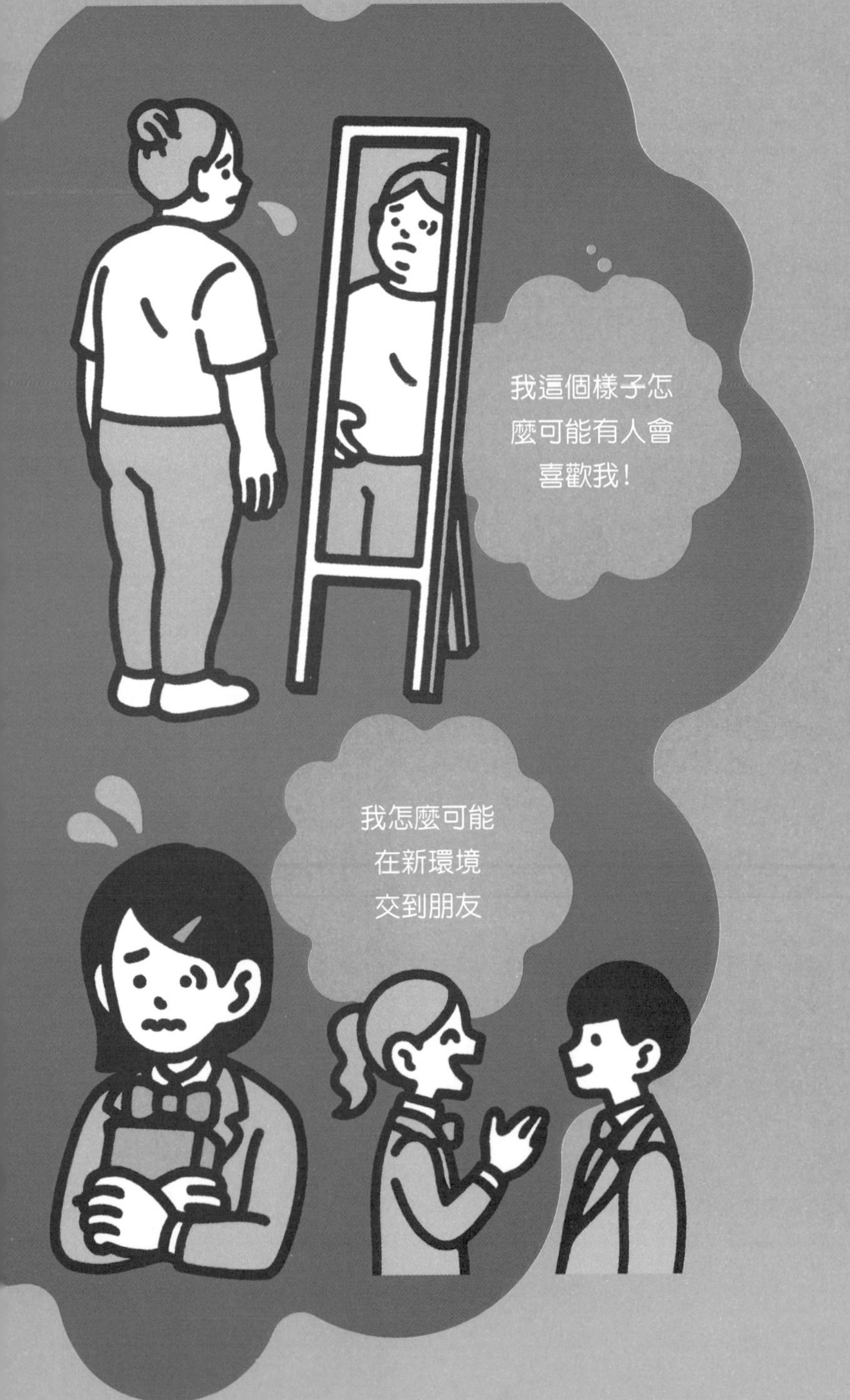
我這個樣子怎麼可能有人會喜歡我！
我怎麼可能在新環境交到朋友

心驚膽跳，
惶恐不安。
這個孩子將來
該怎麼辦啊
這點錢根本
不夠養老
怎麼辦。
再這樣下去就要倒大楣了！

這些心底的聲音，
難道不是造成這些快樂時光
被白白糟蹋的罪魁禍首嗎？

回想起
不知重演多少次的類似情景，
內心是否
備受煎熬呢？

這種狀態就是
一顆心被情緒及思考鉤住，
懸在半空中。
相信每個人都有過這種經驗。

重要的事情
不應該懸而未決，
而是正面對決。
這樣你才能朝著自己期望
的人生方向
前進。

利用最新的心理療法ACT（Acceptance and Commitment Therapy），找回屬於你的人生

大家好。歡迎光臨ACT的世界。

對於偶然接觸到本書的讀者而言，或許你們是第一次聽到「ACT」一詞，所以首先要向各位簡單介紹什麼是ACT。

ACT是「Acceptance and Commitment Therapy（接納與承諾治療）」的簡稱。或許有人看了會覺得「怎麼落落長一串，而且聽都沒聽過耶」。為了方便起見，請各位只要記住「ACT」就好。

Acceptance是「接納」，而Commitment是「保證或承諾會去做的事情」的意思。換言之，所謂的ACT，意即**「接納現狀，並且在珍惜自己的前提下採取行動的療法」**。

嗄？覺得很難理解？哈哈，其實這是我經常聽到的反應。請各位不必擔心，待我一一道來。

首先談談ＡＣＴ的發展經緯。

ＡＣＴ在一九八〇年代誕生於美國，一九九九年出版了第一本專業書籍。在心理療法中或許可稱為後起之秀。儘管如此，ＡＣＴ對憂鬱造成的焦慮型精神官能症、慢性疼痛、毒癮等各種症狀都能發揮效果，絕對是有兩把刷子的實力派。甚至有數據顯示，患者僅接受四小時的療程後，因思覺失調症的再住院率就下降了一半。

其效果受到了ＷＨＯ（世界衛生組織）的注目，所以ＷＨＯ根據ＡＣＴ的論點，在網路上公開了一分以「壓力之下，擇要事為之」為標題的壓力管理指南（**ＵＲＬ列於二〇七頁，有興趣的人請參考**）。ＡＣＴ的心理療法，據說在歷經絕望、棲身於難民營的人們身上也發揮了作用。

當然，先進國家的健康民眾靠著ＡＣＴ也能有效消除日常的煩惱與不安，尤其是知識分子族群。據說愈是習慣閱讀、上網查資料並主動思考的人，藉由ＡＣＴ得到的效果也愈加顯著。

我想這當然也包含正在閱讀本書的你。

當你感到迷惘不安、煩惱困惑、放不下過去，抑或是為將來感到憂心忡忡，無法接納現在的自己，請問你是不是會翻開書本，試圖從中找到解決問題的答案或線索，或是上網查資料呢？說不定也有人會詢問朋友、家人、前輩們的意見。

透過詢問，你能得到的是「話語」．所以你也會藉由語言進行思考。目的是找到最佳解答，做出最後的結論。

結果你做出結論了嗎？

如果有，你的問題是否靠著這個結論迎刃而解了呢？

我想，最有可能的情況是無論你如何想破頭也得不到結論。即使做出結論，心中也仍有罣礙。你的內心會一直糾結同一件事，質疑、否定與不安的負面情緒在腦中輪番上陣，而且有如被妖魔附身，根本無法擺脫。

我希望讓這些人知道還有ＡＣＴ這根浮木。

我想，自我介紹也說得差不多了。嗄？你說你有聽沒有懂？沒關係，請仔細閱讀內文比較重要。還有試試後半部介紹的練習。正如ＡＣＴ其名，各位要付諸行動（ＡＣＴ）後才能體會它的意義與優點。

有一點我必須先提醒各位，ACT傳授的並非「降魔方法」。ACT這個方法是向各位建議如何與妖魔保持適當距離，並且不要被其迷惑。簡單來說，就是即使妖魔近在身邊，你也能活出自我，讓人生充滿意義。

所謂的妖魔是什麼？妖魔就是你的心，是你說的話。妖魔就在你心中。

請各位以此為前提，接著聽我娓娓道來吧。

武藤崇

PART 1 我的煩惱都是我的內心製造出來的

PART 2 擺脫神志的束縛，活得自在！一聽就懂的ACT講座

PART 3 解除心靈被鉤住狀態的七項練習

PART 4

為了遵循價值而活的三項練習

PART 1

我的煩惱都是我的內心製造出來的

束縛我們的都是從自己口中講出來的話。如果透過語言進行思考，問題只會愈來愈多。

在腦中針對問題左思右想是人的習性

不安、恐懼、煩惱在我們的人生中如影隨形。

不過，大多時候我們面對的並不是什麼迫切的危機，像是「下一個輪到我要高空彈跳，但是我嚇到都腿軟了」「眼前出現一隻大棕熊。我該逃跑還是戰鬥」等等。

舉例而言，當腦中無預警浮現出過去失敗或講錯話的畫面，你是不是會突然覺得好沮喪，心想「我真是沒用」。就算眼前有一碗熱騰騰的拉麵，你是不是也會難過得握緊湯匙，無法大快朵頤呢？

可能有時候你也會杞人憂天，擔心未來可能會也可能不會發生的事。像是自己能不能找到工作、另一半會不會出軌、如果沒有讓孩子從小學英文會不會輸在起跑點、大家都說老後的存款起碼要有兩千萬，但自己現在只有一八九〇萬怎麼辦等等。

或者還有另一種情況。你對某個現在不在你面前的人生氣。你可能會想起他講過的那些刺耳、傷人的話，想到怒火中燒，就算沒有聽眾，腦中也不斷上演各種小劇場，替自己找藉口或反駁對方。

話說回來，你也曾思念著現在不在自己身邊的人，想到悲從中來吧？比方看到美麗的夕陽而感動不已時，心中閃過的念頭卻是「如果能和他一起看夕陽該有多好」而潸然淚下。難得看到了美麗的夕陽，而且夕陽何其無辜。

當然，有些人則是為了「這一瞬間」而感到痛苦。例如無藥可治的疾病、漫無止境的肉體疼痛、與家人有關的難題、無能為力的自我厭惡……總之，我們所處的世界充斥著各種無法逃避的痛苦。

當不安、悲傷、憤怒與精神上的痛苦找上門，我們會開始思考該如何解決問題，想著該怎麼做才能擺脫苦痛。不斷思考，一想再想，想到最後忍不住責怪自己、埋怨自己，甚至是羨慕別人，怨嘆自己的不幸。結果想得愈多，自己也傷得愈重。

但是，我希望各位先回答一個問題。請問責怪你的人是誰？浮現在你腦中的那些話是誰說的呢？

有人的回答可能是「那些話是我三年前的主管講的」。但是，那些話是那位主管三年前講的，所以現在在你腦中說話的人，其實是你自己。

同理可證，你覺得煽動不安情緒，讓你擔心「老後的存款不足」的人是誰呢？說不定是政府。但是你並沒有聽到有人當著你的面親口這麼說。在你耳邊竊竊私語的人，其實是你自己。

又比方說有些受虐兒童長大後也未能走出創傷的陰影，導致身心仍承受莫大的痛苦。他們的辛酸自然無須我贅言，但假設他們現在並未遭受虐待，那麼重回到過去的現象（重現）之所以會發生，也是因為自己的大腦。

在我們的腦海中不斷竊竊私語的「神智先生」

不是只有你會聽到有人在你耳邊竊竊私語，我相信每個人都有過這樣的經驗。不論是十幾歲的青少年，還是人生閱歷豐富的高齡者。而且也沒有職業之分，所以當然也包含像我這樣的心理諮詢師。

當然情況不盡相同，但我們每個人都抱著各自的痛苦、苦難、自卑感過日子。但仔細想想，製造出煩惱，並在耳邊竊竊私語的人其實是我們自己的心，是我們的思考，是我們自己說出口的話。

本書將之稱為「神智」。對我們而言，它是相當棘手難纏的對象。不過，為了讓各位覺得更有切身感，我還是將之擬人化，稱他為「神智先生」吧。

神智先生很愛講話。

他會在我們專心工作時過來通風報信，例如「超商今天開賣新甜點唷，還不手刀快搶。晚點去就買不到啦」。或是對走在自己前面的人品頭論足：「哇哇，那個人的衣服好好看喔，不知道哪裡買的。」如果只是這種程度的耳語倒無傷大雅，而我把這時的神智先生稱為「白神智先生」。

麻煩的是，神智先生有時也會在我們的耳邊悄悄說些讓人不安或迷惘的話。像是「真的沒問題嗎？值得相信嗎？」「我不可能辦得到啦。我覺得這麼做根本行不通」「我真的很沒用對吧」。我想把這時的神智先生稱為「黑神智先生」。黑神智先生通常是無預警現身，而且一樣的話會講很多次，一直在我們耳邊竊竊私語，直到我們把它的話銘記在心。當黑神智先生發威，即使是眾人眼中的人生勝利組，也會對生活心生不滿，覺得自己不幸，對現狀感到不滿足。

在這個章節中，我想要以ＡＣＴ的觀點來談談我們在不知不覺中形成的主觀印象。

我們1天24小時一直都會
聽到神智先生的聲音

白神智先生

這種耳語
沒有大礙

我們家的寶寶真的太可愛了。他昨天對我說：「我最愛馬麻～」還要我抱抱呢。真的是可愛到想把他一口吃掉。哎，不能真的吃掉啦。

這次我最愛的偶像演唱會實在太讚啦！下次還要再去。但是門票根本抽不到。只能拜神了。

啊，累死了！
先喝一杯再回家吧。
雖然更想吃牛排，但今天還是吃烤雞串吧。

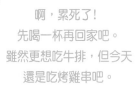

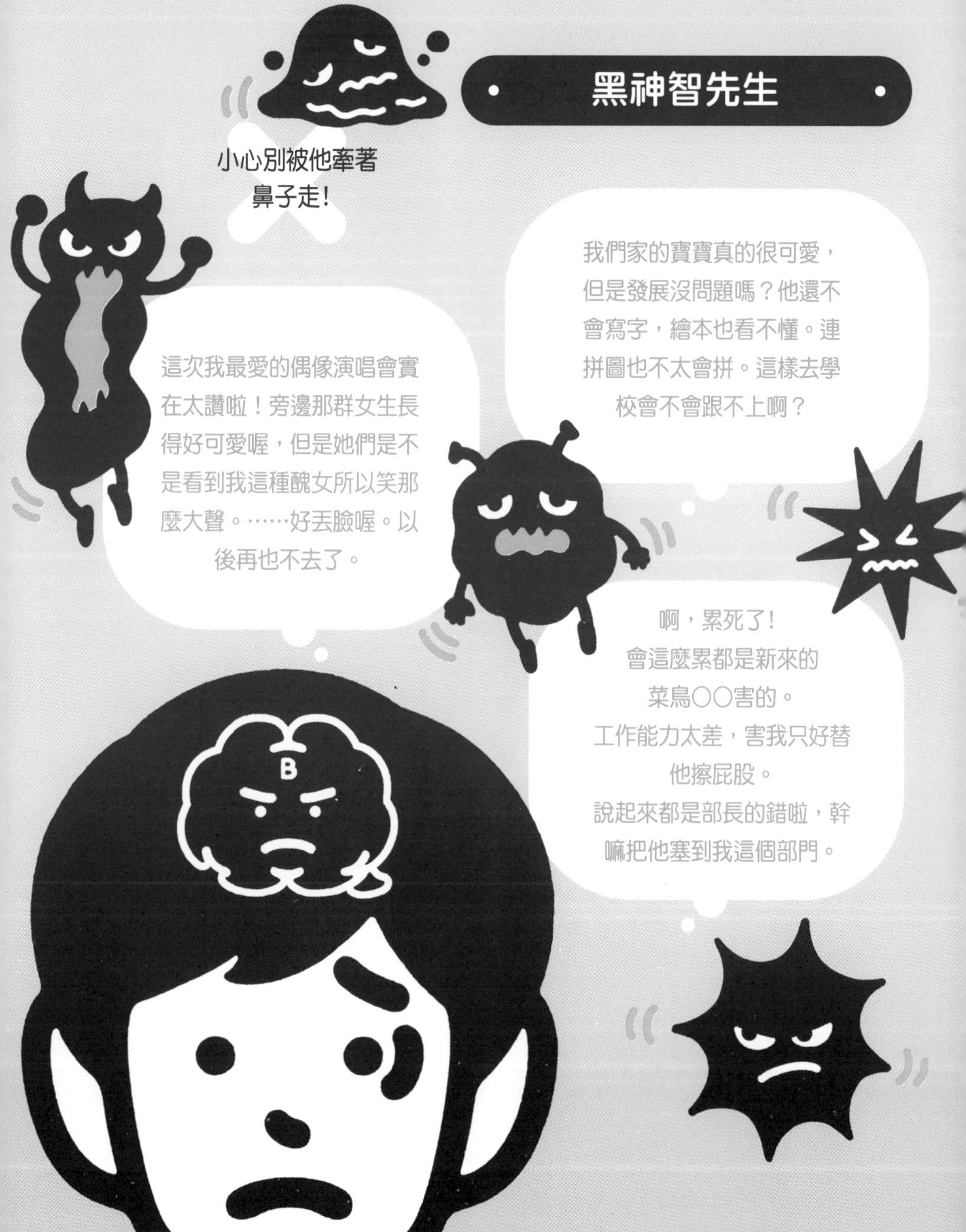
黑神智先生
小心別被他牽著鼻子走!
我們家的寶寶真的很可愛，但是發展沒問題嗎？他還不會寫字，繪本也看不懂。連拼圖也不太會拼。這樣去學校會不會跟不上啊？
這次我最愛的偶像演唱會實在太讚啦！旁邊那群女生長得好可愛喔，但是她們是不是看到我這種醜女所以笑那麼大聲。……好丟臉喔。以後再也不去了。
啊，累死了！會這麼累都是新來的菜鳥○○害的。工作能力太差，害我只好替他擦屁股。說起來都是部長的錯啦，幹嘛把他塞到我這個部門。
B

主觀認定 1

人應該得到幸福。如果不幸福都是自己的問題

所謂的幸福是有好也有壞的「機緣」

雖然可能沒想過為什麼，但我們就是認為人生應該要幸福。最起碼我們是為了追求幸福而活。為什麼會這麼想呢？難道是受到動漫、連續劇的影響，覺得自己也會和主角一樣擁有美好結局嗎？就像公主一定會和王子結婚；班上最不起眼的女生必定會獲得萬人迷男主角青睞；天賦突然覺醒的少年從此順風順水；原本站在人生十字路口的上班族，在因緣際會下找到了生命的意義……

雖然無法斷言這就是原因，但似乎有不少人認為「人活得幸福是天經地義的」「如果過得不幸，一定是我的性格和行事作風出問題」。

話說回來，所謂的幸福是處於何種狀態呢？大多數人的回答不外乎是「能夠保持好心情」「心靈獲得滿足」「沒有不平也沒有不滿的狀態」。只要上述狀態能長久維持就是「幸福」。

不過，我相信各位都知道幸福的英文是happiness。這個單字的語源是happen（發生）。換言之，也意味著「突然降臨」。

日語的「幸福」也可以寫成「仕合」，意思等同於「機緣」。而機緣是無法由自己掌控，也不知何時會發生的。

無論在西方還是東方，幸福的狀態都不是常態持續運轉，所以稱為「機緣」「happiness」。簡單來說，幸福是可遇不可求、久久才會感受到一次的。

事實上，機緣有好也有壞。說得更精確一點，是壞多於好，就像人生苦多樂少。

例如睡過頭、我喜歡的人喜歡別人、倒車入庫失敗還刮到車等，壞事隨時有可能發生。不過，我們偶爾也會「見證奇蹟」發生，像是弄丟的新手機竟然失而復得、用剩菜加工的料理竟出乎意料的美味、看著孩子的睡臉，瞬間以為看到天使下凡。

兩者並存的每一天，不就是我們口口聲聲說的「幸福」嗎？

棘手的是，神智先生不認為這就是幸福。他會不斷跟你咬耳朵，要求你追求更上層樓的幸福。而這就是你無法獲得幸福的原因。

即使是文武雙全，人緣也好的高材生，神智先生還是有話要說。比方「我太胖了，但又沒有毅力減肥。再這樣下去只會成為一個討人厭的胖子」。

即使有著善解人意的妻子以及可愛的孩子，也難逃神智先生的碎碎念：「那個和我同期的同事，人家住的是我根本『高攀』不起的摩天豪宅。怎麼好運全部被他獨占？究竟是誰害我那麼不走運？」

神智先生會找出你的弱點，不斷戳你痛處，甚至會出口威脅，警告你如果不採取行動，這輩子就

沒戲唱了。總之，神智先生絕對不會讓人滿足於眼前的幸福。

那麼，神智先生為什麼會這麼難搞呢？若要探究其背後原因，就非得談到人類數十萬年的歷史（請原諒我接下來會稍微離題）。

促使人類進化的「不安」，在現代社會故障了

人類的老祖宗是非常脆弱的生物，既沒有銳利的牙齒與爪子，也沒有堅硬的皮膚，而且體型還十分弱小，基本上可說是隨時與危險為伍。為了保命，最重要的事就是觀察周圍環境，以便及時發現敵人。簡單來說就是預知危險。

人類為了生存，已經將偵測危險的能力鍛鍊到爐火純青的地步。我們也會全神貫注地觀察周遭的

環境，不斷發出「小心！那塊黑色的東西說不定是熊！」「那棵樹的果子說不定有毒」的警告。不安、猜忌、找缺點，這些全都是脆弱的人類為了生存所必備的基本資訊。

人類為了生存的另一個重要要素是形成集團。一旦在廣大的草原落單，大概瞬間就會成為野狼的餐食。

正因如此，神智先生從原始時代就開始在人的耳邊碎念：「你這麼做會不會被同伴討厭？」「你確定要強出頭嗎？」「你覺得那兩個人中的哪一個會站在你這邊？」總而言之，與別人作比較，心情因優越感或自卑感而上下起伏，也是人類在進化過程中所發展出來的保命機制。

但是時代已經不同了。現代人住的是鋼筋水泥結構的房子，家家戶戶都會上鎖；食材不虞匱乏，只要到超市選購，各種食材任君挑選；到了晚上，可以走在燈火依舊通明、幾乎和白天沒有兩樣的街上。

儘管環境已經大為改變，但神智先生還是不敢大意，會繼續偵測任何潛在的危險，也無法停止對人咬耳朵以表達不安的情緒。但人們恐懼的對象已經不是大野狼也不是長毛象，所以他改成預告其他類型的危險，例如被周圍的人討厭、找不到工作、孩子變成啃老族、退休金太少、不知何時會面臨死亡……

偵測危險的能力當然在現代社會也有派上用場的時候。但有沒有必要一整天都要接收「警報」是值得商榷的事。

小總結

不論是獲得幸福，還是處於幸福狀態都是非常困難的。苦樂交織、好壞參半或許才稱得上是真正的「機緣」。

主觀認定 2

人應該依循內心的聲音過日子。心底的聲音才能真正代表我

神智先生說的故事不一定是真的

很多人都很喜歡「真正的自己」這句話。愈是誠懇正直，做事認真且富有知性的人，愈希望自己能活得堂堂正正走大路，包括追求自己真正想要的、做自己想做的事、活得像自己。所以大家都會張開耳朵，傾聽心底的聲音。

但是，我想先請教各位一個問題。你確定你聽到的聲音是真的嗎？

我們的**思考具備相當高的水準。除了語言，也會利用映像（浮現在心中的意象）、聲音、肉體的感覺與反應，以相當逼真的方式表達出各種事物。這樣的「思考」在ACT稱為「Mind」**，也就是前面已經出場好幾次的神智先生。

舉例而言，請各位想像你的面前有一杯冰涼的檸檬蘇打。有一個裝滿冰塊的玻璃杯。你把蘇打倒進杯子裡，然後用吸管吸了一大口。酸甜的滋味立刻在口中擴散開來，滋潤乾渴的喉嚨……

請問各位是否光看到上述的文字描述，腦中就已經浮現出了對應的畫面呢？我相信各位幾乎能感受到口中有一股檸檬的酸味與蘇打的冰涼。雖然這段文字敘述只有短短三行，你的神智卻能夠訴諸視覺、嗅覺、味覺、觸覺，讓你體驗到檸檬蘇打的滋味。因此我才會一開始就說這是等級相當高的能力。

但是，你剛才品嚐的檸檬蘇打實際上並不存在。那杯檸檬蘇打不過是神智先生做出來的虛假之物。

讀了恐怖小說，連上廁所都會開始疑神疑鬼真的是很麻煩的事。請問你有沒有這樣的經驗：當你打算開門，腦海中卻會悄悄冒出一個聲音：「不知道門後有什麼東西喔。」但是，推開廁所的門一看，裡面什麼也沒有。回頭猛然一看也沒有看到任何人。沒有幽靈也沒有殭屍，更沒有揮舞著尖刀的可疑男子。正如有句俗話說「疑心生暗鬼」，這一切都是神智先生製造出來的假象。

即使是實際發生的事，也不一定為真

再者，即使是實際發生的事，神智先生告訴你的也不一定就是事實。

比方發生某起事件時，報章雜誌、電視等各方媒體都競相採訪與報導。即使這些媒體的報導看似事實，但誰也不可能將事實百分百傳達出來。畢竟採訪記者會擷取某部分當作報導的重點，所以他所揭露的不過是事實的一部分，甚至有一部分還是完全捏造的假新聞。

神智先生說的話也一樣。當他在你的耳邊竊竊私語：「我在重要關頭把事情搞砸了。」說不定你的腦中就會浮現出過往失敗的畫面。那些畫面確實是實際發生過的事，但說到底也只是過去的部分事實罷了。

所以各位可以理解，新聞與雜誌的報導為什麼要先打預防針，把醜話說在前頭，強調「本報導僅是事實的一部分」了吧。既然如此，為何各位還要對神智先生的話深信不疑，照單全收呢？

為什麼呢？因為那是「我的心聲」。

但是我要提醒各位，千萬不能太相信神智先生。因為神智先生很擅長編故事。他除了對你的事情瞭若指掌，甚至還會化身為你的摯友和情人、先生或太太、孩子、學校的老師、父母，甚至是毫不相干的陌生人，不斷編造故事。從某種意義而言，**他可說是相當厲害的說故事高手**。

為了保險起見，容我再度提醒各位，我的意思並不是說在ACT的世界裡聆聽心聲是件有害的事。心底的聲音有時會提供重要的建議，而且不時會鼓舞或安慰我們。就算心底的聲音有時聽起來很負面，但是聽了要不要照著做都是由自己決定。

神智先生的故事聽聽無妨。說得精確一點，因為他一天二十四小時都在我們的耳邊竊竊私語，不想聽也得聽。各位只要別對他的話照單全收，不會因為聽了某些話而被綁手綁腳就好了。如果因為聽了神智先生的耳語，做出「不去學校」「眼睜睜看著機會溜走」「開始借酒澆愁」「對家人動粗」等負面消極的行動，問題就嚴重了。

被囚禁在虛假故事裡走不出來，連真正該做的事也做不了的狀態，在ACT中稱為「融合（Fusion）」。

說到融合，大家會想到什麼呢？有些四十歲以上的朋友，或許有聽過有一種名為融合音樂的音樂類型。所謂的融合音樂就是融合了兩種以上風格的音樂，像是爵士樂融合了搖滾樂、拉丁音樂等其他音樂類型的音樂就稱為融合音樂。融合音樂曾經風靡一時。

基於同樣的道理，**神智先生會把編造出來的故事與真實「融合」在一起，形成了不知誰是誰非的狀態，而ACT中就稱這樣的狀態為「融合」**。有關融合，我會在PART2進行更詳細的說明。

接著請大家回到第四〇頁的主觀認定2。我不認為傾聽心底的聲音，跟著心底的聲音走是絕對錯誤的決定。只是心底的聲音講的大多不是事實，甚至還有一些毫無用處，所以完全沒有融合的必要。

小總結

傾聽心底的聲音不是壞事，但請不要太過當真。因為你聽到的不過是幾句話而已！

主觀認定 3

我一定要停止負面思考，轉向正面思考

即使將負面思考趕出腦海，它很快又會回來

相信各位對「負面思考」和「正面思考」這兩個名詞都不陌生。

若要簡單區分兩者的定義，那麼「反正我就是魯蛇啦，什麼都做不好」是負面思考，「就算我有很多缺點，我還是很肯定自己」就是正面思考吧。

本書想換個說法，我想把一般所說的負面思考換成「黑神智先生的耳語」。

我相信應該有人覺得只要把黑神智先生的耳語趕出腦海，就能找回積極正向的心態，讓自己處於幸福（好心情）的狀態吧。但事實果真是如此嗎？

正在閱讀本書的你，至今為止應該也曾想過「我應該再積極一點」「消極不是好事」。但是，即使抱持著消極的想法，也不是就此與成功無緣。

而且壞消息是，負面想法不會輕易消失。**即使想辦法把負面思考趕出腦海，它很快又會回來。**

負面思考和正面思考就像銅板的正面與反面，不可能只消除其中一面。而且正如我在「主觀認定1」中所提到的，人類可是耗費了幾十萬年培養偵測危險的技能，才終於擁有了感覺不安與疑神疑鬼的能力。就算有人嗤之以鼻：「都已經二十一世紀了耶～拜託來點正面思考可以嗎。」也不可能輕易改變。

比起正面思考，ACT更重視的是「價值」

話說回來，負面思考難道真的這麼不可取嗎？或者換個說法，只要是正面思考就一定是對的嗎？

ACT不會做出「消極就是負面，積極就是正面」的評斷。

ACT重視的是「價值」。ACT建議人們要找出對自己有價值之物，並且採取符合這項價值的行動。

舉例而言，假設我選擇的價值是「我要珍惜家人」，那麼就不可能凡事都做出正面思考，一定會遇到障礙。因為一個家庭總會遇到各種變故，例如丈夫失業、孩子的成績一落千丈、年邁的雙親失智……

這時，**就算採取「對壞事視而不見」，依然正面思考的態度，恐怕也無法解決任何問題。**因為如果沒有掌握問題的本質，決定該怎麼做對家人是最好的安排，就無法守護你所重視的「我要珍惜家人」的價值。

前述已經說明過，幸福是一種「機緣」，**有價值的生活方式會帶來好事也會帶來壞事。可說有苦也有樂。**

正如銅板有正反兩面，有時消極畏縮，有時積極以對才是人生。

神智先生趕也趕不走，只能與他並肩同行

基於上述說明，ACT並不鼓勵各位把烏鴉嘴的黑神智先生趕出腦海，或是想辦法對他「蓋布袋」，讓他人間蒸發。

因為就算拚老命把他趕出去，負面思考很快又會神不知鬼不覺地回來。一再失望只是白費力氣與時間。

那麼該怎麼辦呢？只能接納。沒錯，就是接納事實。

不過，我們不必肯定負面思考的存在，當然也不須要喜歡它。

舉例而言，當家裡有小蟲子飛進來，雖然作勢要將牠趕走，但蟲子好像完全沒有要飛出去的跡象。即使揮舞著捲成筒狀的報紙打算拍死牠，卻是拍拍落空，無法去之而後快，結果因為一隻小蟲子讓你累得氣喘吁吁。其實你大可不必因為這隻小蟲子，產生出「我怎麼連一隻小蟲子都搞不定，乾脆死一死算了」這種悲觀想法，只要讓那隻沒用的小蟲子停在那裡就好了。你只要告訴自己：「反正牠最後一定會飛走。」等到明天再開窗就好了。就算隔天你發現「牠居然還在啊」，應該也可以假裝沒看到吧。

如同上述，ACT想呼籲各位的是把負面思考擱在心裡的某一處。不要把黑神智先生的耳語當真，只須左耳進右耳出，告訴自己「那傢伙又在喃喃自語了」。在此同時，你應該做的是朝著價值所在的方向繼續前進。

小總結

即使將負面思考趕出腦海，它很快又會回來。就算有人在我耳邊說著負面話語，我也一點都不感興趣。敬請見諒。

主觀認定 4

問題的原因在自己。只要發現自己的缺點就非改不可

如果為了解決問題所付出的努力反而產生問題該怎麼辦呢？

讀到這裡，或許有人會這麼想：「神智先生的耳語才不是虛構的故事，是真實發生的事。所以我非改不可！」

不少人都認為應該聽從神智先生的話，趁早尋求解決之道。但果真是如此嗎？

假設你聽到神智先生對你說：「你太胖了，怪不得你喜歡的人看不上你。」而你也對這段話信以為真。

畢竟你體重超標，肚子堆出三層肉。因為這個關係，買衣服的時候你只能將就。這也是為什麼你會相信「對方怎麼可能會喜歡我」的原因。

體重超標，肚子的肉多到擠出三層都是事實。或許這點真的就是你喜歡的對象對你不感興趣的原因。但是，這點究竟是不是事實，對ACT而言沒有那麼重要。ACT**重視的是，這件事是否有益於你的人生。**

世上有很多人因在意自己的過胖而嚴重到病態的程度（有些人是明顯過胖，但也有些人屬於「看不出來胖在哪裡」的情況）。重點是，在意自己過胖的人，幾乎沒有人不曾為了減重而嘗試各種方法。例如節食、運動、嘗試最近頗受好評的減重保健品，或是砸大錢加入健身房或醫美診所。然而努力了卻看不到成果，或者是雖然瘦了下來，但沒多久又復胖，因此陷入「太胖怎麼辦」的煩惱。

就在此時，你聽到神智先生對你竊竊私語：「你真是沒用。意志力太薄弱，所以才會瘦不下來。」聽了這些話，你也開始覺得：「沒錯，我就是個沒用的人。」並且為此感到絕望。於是，接下來會發生什麼事呢？

說不定你會自暴自棄，大啖原本忌口的巧克力、冰淇淋、披薩。也可能剛好相反，變得什麼都不敢吃了。第三種可能是暴飲暴食後又全部吐出來。可能戒掉甜點了，卻開始喝酒。也可能無法面對臃腫的自己，從此足不出戶。

這樣的轉變對你的人生有益嗎？

把你「鉤住」是什麼意思？

「我太胖了。一定要想辦法瘦下來。如果瘦不下來就是沒用的人」。這種話就稱為「鉤子」。所謂的鉤子，就是讓你的心懸在半空中的想法和情緒。好比釣魚用的魚鉤，先用魚鉤鉤住你，再立刻把你拉到半空中。驚慌失措的你無處可逃。

能夠鉤住人的話與想法有很多。**包括過去痛苦的體驗與對未來的不安、自我否定、替別人擔心的心情……。一旦心思被這些想法占據，你就無法坦然接納眼前的微小幸福。**因為你一心認定，「除非瘦下來才會幸福」。

希望各位不要誤會，我的意思並不是反對各位為了減重而節食和運動。我要表達的是，那有可能變成鉤住你的問題。努力靠運動、飲食減重，除了帶給你健康，甚至也會讓你重拾開朗。從另個角度來說，即使體重過重卻依然身體健康的人大有人在。不論體型為何，靠著自身的魅力而備受眾人喜愛的人也為數不少。明明這些都是顯而易見的事實，卻對此視而不見的情況就稱為「被鉤住」。

一旦被鉤住，你就會與自身價值所在的方向背道而馳。

回到剛才的例子，對於主觀認定「因為我太胖，所以他不會喜歡我」的人而言，「和喜歡的人交往，度過快樂時光」或許是更有價值的事。但是他沒有意識到這一點，而是為了瘦下來無所不用其極。如果減重減到對身心都造成負面影響，等於完全背離了原有的價值。

為了避免發生這種情況，首先要發現自己已經上鉤。下一步是把鉤子拔下來。接著好好思考「我到底在幹什麼！我真正想要的是什麼？」

最重要的是，不要在自責的情況下開始自暴自棄。同時也要提醒自己，現在的行為已經背離了自己原本的價值。

小總結

不可因鑽牛角尖而上鉤。

重點在於，比起計較「正確與否」，對自己的人生是否有益才更重要。

主觀認定 5

控制不了情緒與焦慮不安都是本人的責任

憤怒管理已成為流行的風潮。人不能生氣嗎？

喜怒哀樂的情緒起伏往往在一瞬間發生。我想應該很少人能夠抗拒一個人瞬間狂喜與樂在其中時的笑容（開心到鬼吼鬼叫或許又另當別論），但突如其來的怒火、按捺不住悲傷所留下的眼淚，恐怕也會讓周圍的人不知所措。尤其是勃然大怒的人，更容易讓人避之唯恐不及。基於上述理由，「應該控制情緒」似乎已成為社會共識。憤怒管理一詞也逐漸為人所知。

但是，人真的有辦法控制情緒嗎？

很遺憾，我必須告訴各位，答案是否定的。因為怒火說來就來，無法預測。有如戰鼓般砰砰作響的心跳、血液直衝腦門、發冷的手腳，都不在我們可以控制的範圍之內。簡單來說，**我們無法控制自己的情緒**。

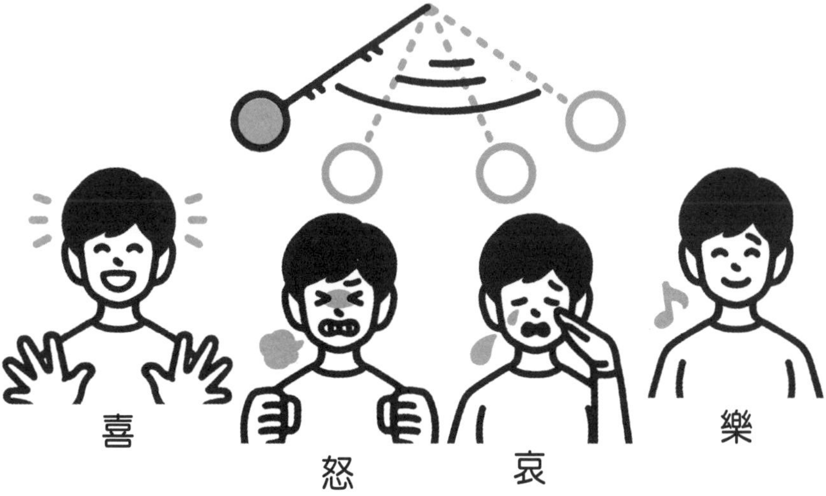

但是，情緒也同樣無法控制我們的行動。

即使怒氣攻心，也不是每個人都會口吐惡言或是揍人。即使悲傷到不能自己，也不是非借酒澆愁或暴飲暴食不可。

雖然我們無法控制情緒，但可以控制自己的行為。情緒就像天氣，時時刻刻都在變化。突如其來的情緒風暴，只要靜待一段時間也終會平息。

愈掙扎愈快沉入無底的沼澤

請各位想像一下。情緒風暴來襲時，你就像是一個陷入無底深淵的人。當你驚呼「慘了，我要溺水了」的那個瞬間，把手伸向空中，希望能尋求救援是再自然不過的反應。雙腳為了前進也不斷踢水。這時，只要腳被藻類纏住，焦慮不安的心情就會再增添幾分，很想放聲大叫。但是只要嘴巴一張開就有泥水灌進來。身體愈是掙扎就愈是下沉。

到底該怎麼做呢？該怎麼做才能得救呢？答案其實很清楚，就是什麼都不要做。

全身放鬆，攤成大字形，臉朝上。沒錯，就是讓身體緩緩漂浮在水面上。只要嘴巴保持在水面上

就輕輕呼吸。別擔心，你現在好好的浮在水面上。差點溺水滅頂都是剛才的事了。你現在很安全。

另外再想像一件事。當情緒風暴來襲，你剛好攀附在一棵大樹的頂端。當你心想著「慘了，快要被吹走了！」手中一定死命握著樹枝吧。樹頂的樹枝很細，說不定很快就會斷掉。

即使你扯破喉嚨大喊「暴風雨快停下來！」也不可能隨心所欲的讓暴風雨平息。為了保住小命，**最重要的是想辦法降落地面。最安全的地方是地面。**請確認雙手雙腳的位置，一步步爬下樹吧。暴風雨要不要停不是你能控制，但你可以移動到安全的地方。請牢牢抓住樹枝，一步步往下爬吧。好了，你已經雙腳著地，安全了。

當情緒風暴來襲，請記住，盡量不要做無謂的白工。不要千方百計想讓暴風雨停下來。你該做的不是死命掙扎，而是穩住重心，一步步降落地面。這是你唯一能做，而且最重要的事。

有些事操之在己，但某些事則無可奈何

我們無法掌控的不只有情緒。如同前述，我們對浮現心頭的想法和景象（神智先生的耳語）可說無計可施，即使想要消除也消不掉。但是我們可以選擇要以什麼態度去面對。

我們無法控制別人的言行。可是，我們並不是沒有機會藉由改變自己的言行去影響他人。你無法干涉別人要如何評價你，但是你可以盡量做到最好，讓自己無愧於心，表現出「我已經盡全力了，如果還有人要批評我也不在乎了」的態度。

我們也不可能改變未來會發生的事。但是，我們能夠發現可能有哪些行動會影響未來，進而修正現在的行動。

過去發生的事、突然湧上心頭的痛苦回憶都無法被抹煞。但是，你要作何反應可以由你自己做出決定。

面對自己無法控制的事情時，請停止無謂的掙扎。專心做好自己能夠掌控的事就好。能否覺悟這一點非常重要。

小總結

就算無法控制自己的情緒，但我們應該可以避免情緒化的行為！

主觀認定 6

逃離不愉快的想法與情緒、將問題束之高閣也很重要

要求自己「不要去想」其實辦不到

盡量別去想不愉快的事。很多人都有這種想法，但是抱著這種想法做任何事，成功的機會都很渺茫。因為你的神智先生是個大嘴巴，而且表現能力又是一等一的強。

你不相信嗎？那就試試看吧。我想請各位挑戰的課題是「聽到拉麵但不要想」。

不論是從碗中冒出的裊裊白煙、入口即化的叉燒、薄薄一層漂浮在湯麵上的油脂、大口吸麵時瞬間在口中擴散的鮮美滋味，請通通不要想。吃起來外Q內嫩的溏心蛋，當然也是想都不能想！

……我相信很多人忍不住都想了吧。而且神通廣大的神智先生還貼心的附上了圖片。

即使拚命要自己不去想、不要有感覺，但大多時候只是徒勞無功。而且用盡心思將不愉快的想法與情緒趕出腦外，最後反倒弄巧成拙的情況並不少見。

受到壓抑的情緒與想法終究會反撲

「為了逃離不愉快的想法與情緒而將問題束之高閣」時，常會出現以下行為。

①想辦法排遣心情

包括看電視、聽音樂、打電動、運動、找朋友聊天等。或許會出現短暫的效果，但也會令人在意這麼做會不會只是在浪費時間？因為就長期看來大多無效。原因在於神智先生並不會停止耳語，所以受到壓抑的情緒與想法很快又會回到心頭。

②逃避、放棄

專業用語稱為迴避行動。也就是迴避讓自己產生不愉快心情的地點、人物、機會。例如換工作、不去學校、不再和朋友聚會、減少回老家的次數等。

這樣的做法不能說不好，但必須承受有可能無法達成目標的風險。比方如果不去學校，會降低未

來發展的可能性。如果錯過和朋友的聚會，內心可能會變得更加孤獨與不安。如果運氣不好，說不定連人生的重要價值都會失去。

③轉為沉溺於其他事物

例如酒精、甜食、購物、戀愛與性愛、宗教、自殘行為……。或許不論是哪一樣，都能夠讓你瞬間忘記痛苦與辛酸，但是你也必須付出龐大的代價。或許你會因此失去健康、工作、人際關係、經濟能力，甚至是喪失了愛自己的能力。

來什麼就接受什麼吧

其實，你只能坦然接納讓自己備受折磨的不快情緒與想法。接受了確實會感到很不愉快、焦躁或悲傷。你的意識很可能完全被負面情緒所占據。但是這些不愉快的感覺都是極為自然的存在。ACT將之稱為「乾淨的不快感」。雖然當下的感覺很難受，但大多會隨著時間的流逝而消失。

相對的，依照第六十六頁①～③的方式應對，就會出現「主觀認定4」中提到的情況，為了解決問題付出無謂的努力，苦苦掙扎，最後反而產生了「骯髒的不快感」，實在得不償失。

ACT鼓勵大家要坦然接納湧上心頭的情緒與想法，而不是拚命探究「為什麼會發生這種事？」「到底是誰的錯？」等問題的原因與背景。因為愈想只會愈讓自己鑽進死胡同。

話會生話，因此會導致原本一開始只是基於雞皮蒜毛小事而產生的不快感，在腦中不斷醞釀後又產生其他的不快感。

請告訴自己「來什麼就接受什麼吧」。無須壓抑、隱藏、逃避，**只要坦然接納就夠了。**

小總結

當情緒與想法湧上心頭，只要靜待其自然消失就好。多餘的舉動只會弄巧成拙。

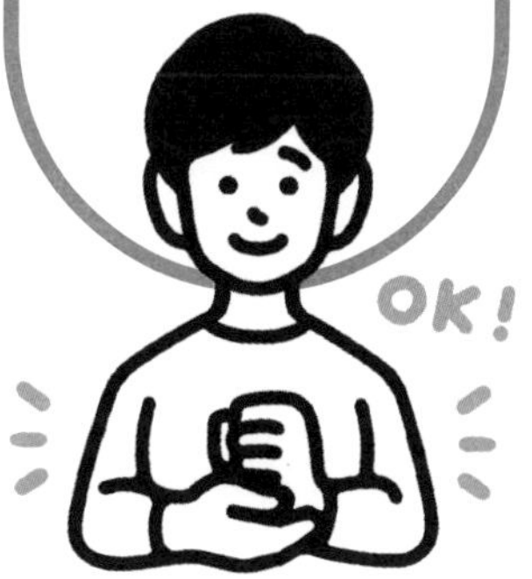

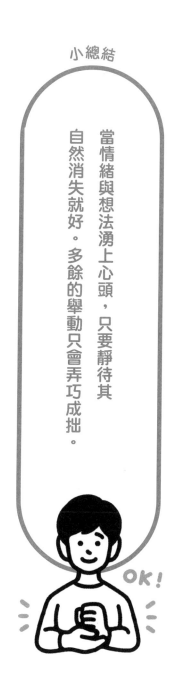

小心你的人生巴士別被妖怪劫車了！請握緊方向盤，駛向你的「價值」吧

蜂蜂擁而至的妖怪們希望能得到你的關注

截至目前為止已為各位解說了六個「主觀認定」，不知道各位是否也大致掌握了ACT想要表達的重點是什麼了嗎？

簡單來說，我們每個人的煩惱與不安都是由心而生，所以與之奮力搏鬥其實沒有太大的意義。真正重要的事是依照「自己的價值」而活。嗄？是不是有人覺得我簡化過頭了？

那麼我在本章的尾聲，再向各位說明ACT的另一項概念。

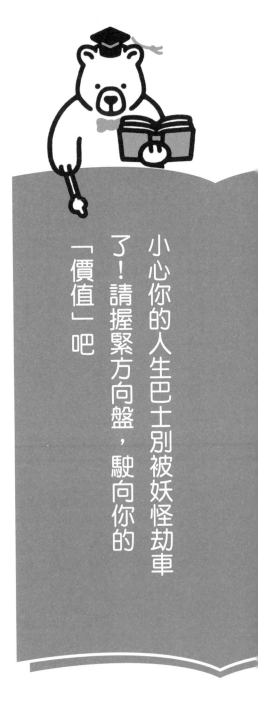

假設有一台公車。沒錯，就是第七十二頁插圖中的公車。

你是負責開車的司機，公車上的乘客就是你的神智先生們。你是不是覺得自己好像載了一車的妖怪？嗯，這種事也不是不可能發生啦。

你這台公車上的乘客，素質參差不齊。有些人態度很友善，很配合司機的要求，但有些乘客的意見特別多，動不動就開口抱怨：「司機你的開車技術太爛了！」「你到底會不會開車啊！搭你的車我都頭暈想吐了」。甚至還有乘客直接開罵：「你這個司機太差勁了！」

身為司機的你會怎麼做呢？你會把車子停在路肩，霸氣的告訴他們：「有怨言的人，給我趕快下車！」嗎？但是我不覺得那些乘客會乖乖下車耶。然而，如果直接和他們理論，一來會給其他乘客添麻煩，二來公車一定會誤點。

你該做的，就只有繼續專心開車而已。

他們是希望引起司機的注意才吵鬧，所以你愈是指責他們，他們就愈得意忘形。你愈生氣，他們罵得也愈難聽。簡單來說，你根本沒必要理會他們。

請放心，他們絕對不會危害你的人身安全。只要你不理他們，等他們叫累了，說不定會收斂幾分。你只要一心朝著目的地好好駕駛公車就好了。

這台公車行駛的道路，就是你的人生。你的目的地就是你的價值所在。如何載著一群嘮叨、挑剔的乘客，規規矩矩、平平安安地把公車開到終點就是ACT的宗旨。

接下來我將在PART2為各位具體說明到底ACT是什麼。請各位和我一起看下去喔。

MONSTE
MODORU
SUSUMU
BUS
ACT

ACT是什麼？
有請代表向武藤教授發問

1 「神智先生」到底是什麼？

回答者

武藤教授

日本研究ACT的第一把交椅。專長領域為臨床心理學（行為分析學），目前為同志社大學的教授，認為「心理學是一門為了體現科學與實踐的『二刀流』的學問」。

發問者

近編輯

長年為了工作與育兒蠟燭兩頭燒。等到孩子長大離家，又為了年邁雙親的遠距照護而來回奔波。腦中永遠被工作、家庭、人際關係塞滿的資深編輯。

近小姐，歡迎光臨ACT的世界！我怎麼覺得妳的表情黯淡，一臉心不在焉的樣子……是我的錯覺嗎？

啊、被你看出來了嗎？其實我有點震驚。畢竟這是我第一次接觸ACT，沒想到對我來說是場震撼教育。原來我們的神智，也就是思考和語言通通都不是好東西，那是不是什麼都不去想比較好呢？

當然不是，絕對沒這種事。思考、害怕、預估未來、和別人溝通都是我們身而為人很出色的能力。拜這些能力所賜，人類的生命才能延續至今，文明也得以不斷發展。問題是我們的神智先生能力太強大，連沒必要思考的事情也想了。我想要提醒大家的是，他們會不請自來，自動連接各式各樣的資訊。

自動連接？什麼意思？

嗯，那我們來做一個小實驗好了。近小姐，我先說幾個字，輪到妳時請用馬上想到的字完成接龍。

好的。您請說。

世界上唯一的？

花*！

哈哈。如果我說「禁止用花這個字」，那妳會說什麼？

*註：〈世界上唯一的花〉，日本天團SMAP的著名歌曲。

嗄？……那就、那就改成「世界上唯一的……墓碑？」

墓碑嗎（笑）。妳是不是就是忘不了「花」這個關鍵字，所以才變成了「墓碑」*？

要這麼解釋也行啦。因為真的想不到其他詞了。

有句話說「腦子裡沒有消除鍵」，看來真的是這樣耶（笑）。

真的是瞬間與我記憶中的關鍵字連結，然後從中挑出一個字。神智先生好聰明！

而且我猜這首歌的副歌旋律也在近小姐妳的腦中響起，妳是不是還想到了「這首歌流行的時候，孩子都還在讀小學呢」「沒想到那個偶像團體居然會解散」？

賓果！全都被你說中。我的腦中真的浮現出這些想法耶。

即使有人叫妳不要想，但想法卻會不斷串聯起來。而且聯想到的記憶與「我現在正在和武藤對話」毫無關係。簡單來說，近小姐妳已經上了神智先生的鉤了。

原來是這樣啊！神智先生實在太可怕了。算了，如果是「世界上唯一的花」讓我上鉤，那我也認了。但是，讓我上鉤的事情可還多著呢。

例如？

我出社會以後，這麼多年以來一直為了工作、家事、育兒而蠟燭三頭燒，最近幾年又為了照護的事情煩惱。幾乎每次遇到困難，我都會出現「我怎麼這麼沒用」「都是我不夠努力，才會麻煩到那麼多人」之類的想法。甚至曾經煩惱到夜不成眠，或者突然想起好幾年前的往事而落淚。我一直想要轉換自己的心情，但實在太難了。

我懂。現代人多多少少都會被「各式各樣的想法」纏身，想擺脫卻擺脫不了。

*註：日文中，「墓碑」與花的發音相似。

是啊。現實就是這麼無奈。事實上，這次在製作這本ACT的書籍過程中，也好幾次顛覆我原有的認知。因為我完全想像不到我的心竟然就是折磨我自己的罪魁禍首。

尤其像近小姐妳這種每天都在話堆裡打滾的人，更容易被話語困住。東想西想，最後就掉入了思考的泥淖。如果用一個字代表這樣的人……

……這是？

是「融合」的意思（笑）。是我自創的字。

原來如此。原來我們都會被話語給困住。認識了ACT後讓我稍微改變對「話語」的認知。因為我原本以為話講得愈多愈能傳達自己的意思，沒想到話會生話，有時反而使情況變得更加混亂。

如果能發現這一點，表示妳已經通過第一階段了。那麼我接下來就會在PART2說明ACT的概論。

PART 2

擺脫神志的束縛，活得自在！一聽就懂的ACT講座

心靈生病的現代人很多。ACT是一種嶄新的心理療法，可以鍛鍊心理韌性，讓你活出自我

二十一世紀的日本，憂鬱症患者每年都在持續增加

我在PART1為各位仔細說明了如影隨形跟著我們的「神智先生們」。如果有人看了有如大夢初醒「我懂，因為我也是！」我將會感到很欣慰。

ACT這項心理療法，著眼的是神智（自己內心的思考、情感，以及在腦中響起的各種話語）。神智遠比我們想像中更有能耐。他能夠瞬間連接資訊，來往於過去與未來，讓我們與素不相識的人一同感受悲傷與喜悅。他也會向我們提供冷笑話、黃色笑話，讓偶像的笑容在我們的腦海重現，甚至當我們認真考慮今天晚餐要吃烤肉或壽司，還是乾脆買個超商便當簡單解決，他都會在耳邊提供意見。不得不說，確實有其可愛討喜的一面。

但這只是神智先生的其中一面。

他也很擅長「搞破壞」，包括引發不安、使人變得疑神疑鬼，連自信心也蕩然無存。不但恐懼未來、自慚形穢，連活在當下的勇氣都失去。他還會讓人把妄想當作現實，除了帶來精神上的痛苦，甚至也可能引發身體的疼痛。

表現出暗黑面的神智先生，並不是心理生病的人、曾經歷過痛苦的人的專屬之物。是的，正在閱讀本書的你，也經常與這樣的神智先生狹路相逢。

根據日本厚生勞動省的「患者調查」，日本的憂鬱症（包括躁鬱症）患者人數在進入二十一世紀後急速攀升。

相較於一九九九年的患者人數為四十四萬人，到了二〇〇二年增加為七十一萬人、二〇〇八年增加為一〇四萬人，之後患者人數仍持續增加，在二〇一七年達到一二七萬人。接著在新冠疫情肆虐的二〇二〇年暴增為一七二萬人。

心理疾病對現代人而言已經不是什麼特殊疾病，是我們每個人都可能遇到的問題。

ACT的出發點是「心底的話有時有害」

ACT基於維持心理健康的目的，徹底研究了我們應如何與神智應相處。不過，「強化心智」「找出你的意識為什麼會這麼想」「培養積極的心態」都完全不在其考慮範圍之內。

ACT導出的結論是，「折磨我們的，就是自己的心（心底的話）」。

所以ACT不把神智當作主角。ACT不會責問神智，也不會重新檢視或企圖改變他。也不會將之視為敵人。既不打算驅逐他，也不會躲避他或是與他對抗。

那麼到底該拿他怎麼辦呢？

ACT的第一步始於把神智先生告訴我們的「故事」視為「這只是故事」。我們首先觀察神智先生說什麼，接著只要思考「這些話對自己有益還是無益？」就好。只要認知到「這只是神智先生自說自話」就好，不須要繼續深思。或者是左耳進右耳出也可以。

不管神智先生在耳邊叨念著同一件事情幾次，自己都要穩住陣腳，仔細找出對自己有價值的部

分，朝著正確的方向前進。以上就是ACT的基本概念。

學習ACT的收穫是「柔韌的心」

ACT的目標並不是打造一個沒有苦難的世界，也不是只有歡樂的生活，當然也不是只容得下正面思考的同溫層。因為不論再怎麼渴求，也絕對不會發生「好運手到擒來，壞事通通遠離」的情形。人生有苦也有樂。有應該表現積極的時候，也有最好保持低調的時候。有生必有死。這些都是恆久不變的道理。

正因如此，即使苦痛與磨難有如強風暴雨般向我們襲來，我們也希望自己具備足夠的韌性，不會一吹就斷。只要不被折斷，就有辦法撐過這場暴風雨。細細的柳枝看似柔弱，但面對強風肆虐，就算有些折損，也仍會像記憶棉一樣，隨著時間的經過而逐漸復原。

這種特質就是ACT所說的「心理的彈性」，也可以稱為「心理的韌性」。是的，**ACT的目標正是獲得強韌的心**。

憤努與不安、對自已的失望、對周圍產生猜忌心等負面思考與情緒（也就是黑神智先生）會帶來嚴重的殺傷力。如果選擇正面迎擊，可能會落得心碎的下場。不如想辦法明哲保身，在重新拿回人生掌舵權之前發揮隨遇而安的順應性，就是所謂強韌的心。

提高心理韌性的好處很多。例如下列幾項：

- **無論神智先生的耳語再頻繁，意志也不會因而動搖。**
- **能夠與負面思考、情緒保持一定的距離。**
- **掌握如何安定自己心靈的方法。**
- **能夠看清自己真正重視之物為何。**
- **能夠從各種選項中，選擇對自己真正有益的。**

好處應該不只上述列舉的幾項。因為不再鑽牛角尖，說不定從此更能夠做到寬以待人。或許會發現人生的路變得更寬，可走的路也不只一條。或許心情好的時間也增加了。也或許只是知道如何享受人生的方法。同時也能克服無可避免的苦難折磨。

何謂形成心理韌性的六大方法

接下來請各位先看看左頁的六角形圖表。ACT將之稱為「發展心理韌性的六個方法」。如果換一個淺顯易懂的說法，可以稱之為「培養心理韌性的六組關鍵字」。

當這六項相輔相成，我相信人生一定會開始轉變。除了看待事物的觀點變得不同，接納的方式與選擇也會出現變化。也能和折磨自己的情緒與想法和平共處。對自己而言，這樣的人生會變得更加豐富多元。

粗略來說，①～④是「與神智先生的相處之道」。主要學習如何及時察覺到神智先生的耳語，不被心底聲音所束縛的方法。⑤～⑥提供找出自己應該前進的方向，活出豐富多彩人生的竅門。

那我就從下頁開始，為各位說明每個步驟的意義吧。

為了打造「強韌心靈」的6個關鍵字

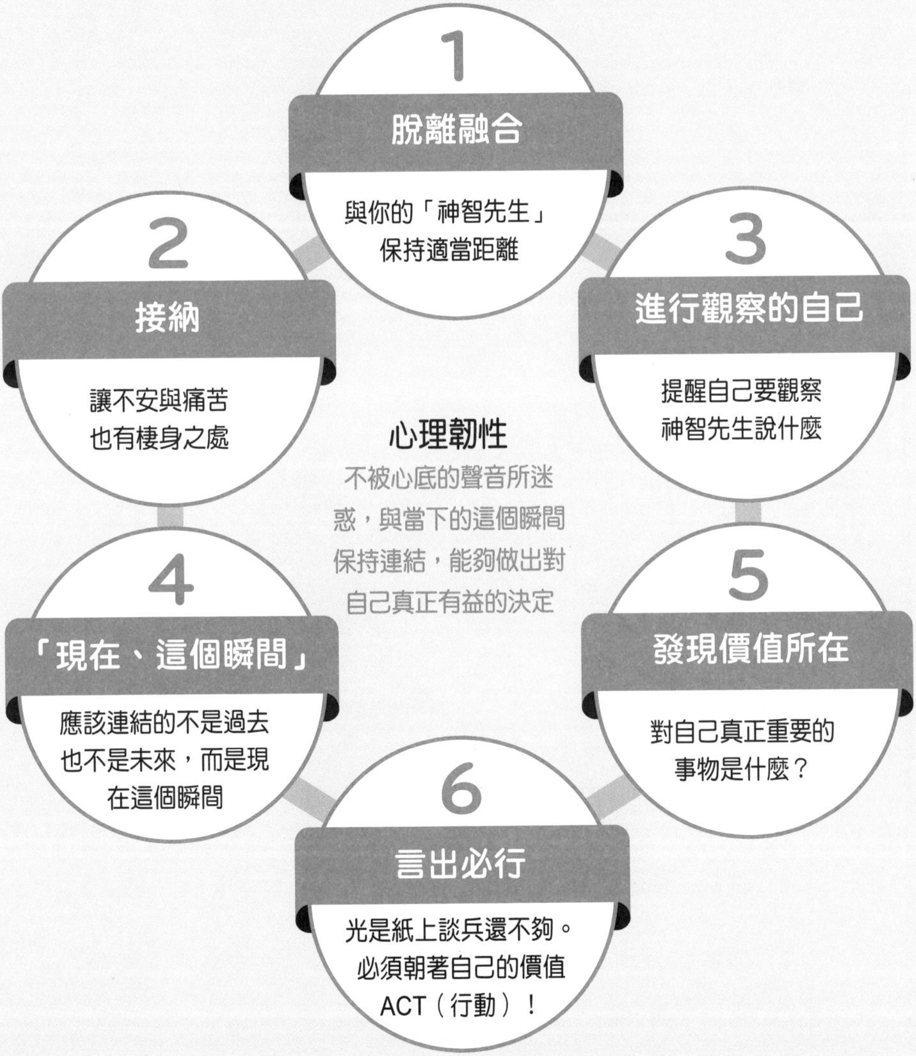
1
脫離融合
與你的「神智先生」
保持適當距離
2
接納
讓不安與痛苦
也有棲身之處
3
進行觀察的自己
提醒自己要觀察
神智先生說什麼
心理韌性
不被心底的聲音所迷
惑，與當下的這個瞬間
保持連結，能夠做出對
自己真正有益的決定
4
「現在、這個瞬間」
應該連結的不是過去
也不是未來，而是現
在這個瞬間
5
發現價值所在
對自己真正重要的
事物是什麼？
6
言出必行
光是紙上談兵還不夠。
必須朝著自己的價值
ACT（行動）！

1

脫離融合

與你的「神智」保持適當的距離

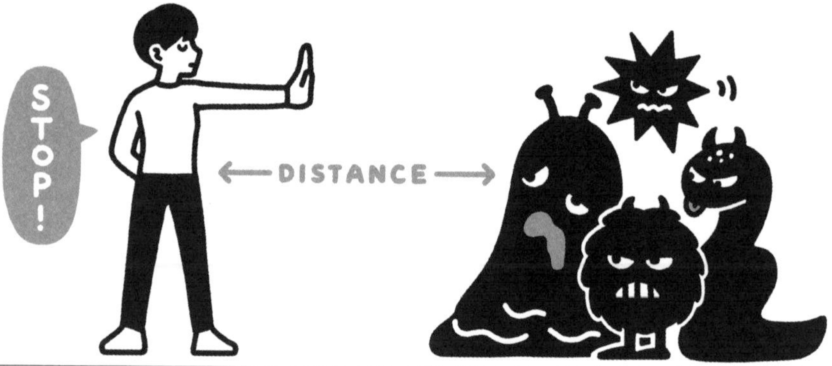

POINT

- 融合就是把神智先生的話全部信以為真。
- 被某些情緒與想法銬住就是「融合」。
- 發現融合的存在，與神智先生保持安全距離就是「脫離融合」。與你的「神智」保持適當的距離。

我們在不知不覺中「融合」了

所謂的融合，就是幾種不同事物互相滲透，合為一體的狀態。從英文的「Fusion」翻譯而來。

例如日本的五元硬幣，材質是由銅與鋅混合而成的黃銅。但是很多人看到五元硬幣時，並不會想到「這是混合了銅與鉛的銅板」，而是出自直覺地認為「因為是金色的，所以材質是黃金吧」。這就是融合。

同樣的道理，我們也常常與我們的神智進行融合。

如同我在PART1已經說明，像「我那麼胖，他怎麼可能喜歡我」就是一種認知上的融合。太胖和不被人愛都是另當別論的問題。即使如此，當事人卻對此深信不疑。這種情形就稱為「認知上的融合」。

另外如第九十三頁的案例所示，還有其他各種類型的融合。

雖然狀況各有不同，但有一個共通點是當事人都深信自己的想法很正確。

神智先生會碎念各種事情，尤其要注意黑神智先生。因為他只要開口都沒好話，內容大抵不脫「都是〇〇不好」「〇〇實在夭壽恐怖沒辦法」。如果一個人與黑神智先生的想法融合，而且對此深信不疑，那麼他就會失去從其他角度思考事情的能力。

脫掉「神智先生」的妖怪人偶裝

當我們與黑神智先生的話融合，最棘手的是我們對此渾然不覺。因為我們已經認定這是自己真實的想法，而且百分之百正確。

請各位想像一下。想想夢幻國度的米奇與其他穿著玩偶服裝的角色。不論是享譽全世界的米奇，還是賭上當地名聲的在地吉祥物，玩偶裝底下的如果不是動作熟練的舞者，就是當地的公務人員。但是大家都看不到他們的模樣。所以這會使我們把穿著玩偶裝的人與他所扮演的角色融合。

同樣的道理，猜疑心、既定觀念、成見、缺乏信心等負面想法也會「附身」在我們身上。也就是我們已經與變身為妖怪的神智先生身上穿的玩偶裝徹底融合。

脫掉神智先生的玩偶裝，就是脫離融合。

你是否曾經被這樣的想法「融合」？

今天被老師通知孩子在學校和同學打架。結果我一怒之下就對孩子大吼。孩子會變得暴力都是我的錯。

我是個不合格的母親

今天是簡報的日子。上次因為太緊張而出醜了。我有預感今天會重蹈覆轍。慌到沒辦法專心準備資料。**唉，我看我今天又要搞砸了。**

女兒帶男友回家，結果是個外國人，而且兩人決定要結婚了，真令人不可置信。**和一個成長環境和價值觀都不一樣的對象結婚，怎麼可能會幸福。**

我絕對反對

我的錢包不在包包裡。明明今天早上才放進去。**會不會是坐我隔壁的人偷走了？**

被擺一道了！

不過在脫離融合之前還有件更重要的事，那就是發現自己也穿著玩偶裝。其實要發現這點相當困難。

就算你想相信「思考不過是一件玩偶裝」「思考不過是思考」，但神智先生可不會輕易放過你。他會反駁你：「你在說什麼啊？我就是我啊。」會說：「ＡＣＴ的主張太離譜了吧！什麼玩偶裝，太無聊了。」所以，能夠聽了這些話也不為所動，果斷的脫下玩偶裝，實在堪稱艱鉅的任務。

為了解決這個問題，ＡＣＴ設計了一套專為脫離融合的訓練。

以第九十三頁的案例而言，當你覺得「我是個不合格的母親」，請把「是」改成「認為」。也就是「我認為我是個不合格的母親」。只要做這件事就好。雖然差異微乎其微，卻能拉開與思考之間的

距離。

其他案例也可以如法炮製。比方把「一定會失敗」改成「我覺得一定會失敗」。還有改成「我深信女兒如果和外國人結婚一定不會幸福」「我覺得我的錢包被偷了」。

其實，脫離融合的訓練不只一種。請各位讀到PART3時務必試試看。

脫下玩偶裝後，請務必仔細瞧瞧。除了看清楚它的模樣，也仔細想想自己是什麼時候被套上這套玩偶裝，又受到了什麼影響。進行確認，是為了與神智先生保持距離的必要之舉。

2

接納

讓不安與痛苦也有棲身之處

POINT

- 所謂的接納就是不對抗也不逃避，而是坦然面對。
- 雖然坦然接納，但不喜歡也沒關係，也沒有和平相處的必要。
- 為了做到接納，必須利用「擴張」這項技巧。

想法趕也趕不走。唯一的解方是接納

接納就是「包容」「接納」。

接納一詞，在此用於表示面對痛苦回憶、後悔、嫉妒、煩惱與自我厭惡等負面情緒時，停止對抗和逃避，坦然面對的意思。

或許有人會馬上反駁：「包容？哪有可能。我哪有辦法忍耐一天二十四小時都被負面情緒綁架！」

請各位稍安勿躁。因為不必忍耐一天二十四小時那麼久。各位只須保持「就讓你待在那裡吧。你愛講就講吧。但是我不會理你喔」的態度就可以了。

舉例而言，假設你住的國家，與隔著一條河的鄰國處於敵對關係，經常互相挑釁，已經到了只要不小心擦槍走火，戰爭就會一觸即發的狀況。

如果你想趕走鄰國的人，勢必會發生戰爭。如果鄰國進攻，說不定你的國家會遭受生命與財產的損失。

那麼要進行停戰協議嗎？兩國要不要重新劃分疆界，並締結條約，從此友好通商呢？若能達成協議當然是美事一樁，但現實恐怕沒有那麼美好。而且協商也需要時間。那麼有沒有更好的辦法呢？答案就是「維持現狀」，保持現有的和平狀態。

雙方無須互相干涉彼此的政策、宗教、農作物等一切大小事，也無須刻意保持良好的交流，只要專心致力於自己國家的內政就好。沒有必要喜歡鄰國，也不必向對方割讓領土，但也不要互相爭奪領土。唯一要做的就是彼此接納對方的存在。

這就是接納。

試著空出一個接納專用的「空間」

ACT所說的接納，也包括以「放置在某個地方」「擴張空間」的態度面對不愉快的想法和情緒的意思。嗄？聽不懂？那就麻煩各位發揮一點想像力。

不愉快的情緒、不堪回首的記憶、無法逃避的現實問題……。當這些事情浮上心頭，我們會處於什麼樣的狀態呢？

是不是覺得很揪心呢？是不是因為血管收縮，有種氣血往頭上衝的感覺呢？會不會因為太過緊張而手腳僵硬？還是眼界變得狹窄，無法顧及周圍的感受與立場呢？

沒錯，就是變得狹窄，也變小了。我是指全身的各個部位。

接納剛好相反。接納是放鬆不用力，而且會擴張以產生一個位置。就像是打開窗戶讓風吹進來。這個新產生的空間就是用來堆放不愉快的情緒、不堪回首的記憶、無法逃避的現實問題。是一個用來暫時堆放的倉庫。

記住，不是收縮而是擴張，不是緊張而是放鬆。這就是「接納」要引導你前往的方向。

……畢竟這些表現都很抽象，或許有些讀者看得一頭霧水。總而言之，請各位實踐PART3的練習，我相信各位透過實踐會更有概念。但是這些練習都不是一做就能上手，建議各位多練習幾次。

只要給他一個「容身之處」，神智先生會變得出乎意料的老實

或許有人會擔心：「如果打造一個空間讓負面情緒和想法『有處可去』，那黑神智先生不就可以為所欲為了嗎？」

這分擔心是多慮了。

如同前述，如果我們有意參戰，神智先生也會奉陪到底。這樣一來就永遠無法從負面思考脫身。

雙方永遠都在拉扯拔河。

為了結束拔河比賽該怎麼做呢？唯一的辦法不就是用力把對方拉到自己這邊嗎？這就是融合的狀態。當然還有更好的方法。就是鬆開原本握住繩子的手。

手一鬆開，神智先生們應該會跌得東倒西歪吧。不是撞到牆壁，就是一屁股跌坐在地上，大概也會氣得破口大罵。但是你根本不必在意。你只須提供一個空間，然後告訴他們：「不好意思喔，但是我累了不想玩了。你們可以去那裡坐著沒關係。」與其將時間花在與神智先生進行無意義的拔河遊戲，更重要的是為了對自己有價值的事努力。

以前述的「玩偶裝」為例，就是把脫下來的玩偶裝收好。只要把穿在身上的玩偶裝脫下來，原本坐的椅子應該就不會那麼擠了。最後只要把摺好的玩偶裝放在從椅子上擠出來的空間就好了。

把整件玩偶裝當作可燃燒垃圾回收，或許是更保險的做法。問題是，這件玩偶裝「陰魂不散」，不論丟棄幾次都會再回來。是不是光想就覺得有點毛骨悚然呢？

為了避免發生嚇人的事情，還是先收起來就好。只要準備一個專門收納玩偶裝的籃子或是箱子就好。

或許下次你會發現，不知何時你又再度穿上了玩偶裝。但是只要脫下來放進收納箱就好。這就是「接納」。

3

進行觀察的自己

提醒自己要觀察神智先生說什麼

POINT

- 這是脫離融合與接納的必經之路。
- 「進行觀察的自己」就是一直看著你自己。
- 當想法被鉤住，能夠發現這一點的就是「進行觀察的自己」。

你不是你認為的「你」

ACT的目標是「柔韌的心」，那麼其反義詞就是「頑強的心」。為了鍛造一顆頑強的心，或許最重要的關鍵就在於「我是〇〇個性的人」的自我認知。

我們每個人都是透過語言描述來定義自己這個人。除了「我的個性活潑開朗」「我對人很親切」「能夠見機行事，臨機應變」等正面形象，當然也少不了「我的個性很糊塗，常常犯錯」「我很怕生，和第一次見面的人都不知道聊什麼」等負面形象。另外還有「我已經不年輕了」「這個顏色的衣服不適合我」等形象。形象是多層結構，每一層疊加起來就是「我」。ACT將之稱為「形象（概念）上的自己」。

大多數人都把「形象上的自己」當作真正的自己。

「我待人很親切」當然是不錯的自我形象。問題是你並不是一視同仁的對每個人都很親切，因為你應該也會遇到一些讓你想擺臭臉的對象。但如果你被「待人親切」的形象困住，或許就得面對一些討厭的事。

「我很怕生」的自我認知，或許會成為讓你面對全新世界時裹足不前的關鍵字。**「形象上的自**

己」會使你的心在不知不覺中變得頑強，成為你付諸行動時的絆腳石。但是這不過是一種形象，不過是神智先生的耳語。

你是否有發覺「正在進行觀察的自己」？

「形象上的自己」好比舞台上的演員。有許多演員穿著各式各樣的戲服，說著不同的台詞。時而大叫「好恐怖」「我想逃跑了」，時而握拳喊著「我才不會對這點小事認輸」。你認為哪個角色才是真正的你呢？害怕的我？不認輸的我？袖手旁觀的我？還是以上皆是？

其實，以上哪一個都不是你。演員說的台詞都是出自神智先生之口，並不是你。那麼，你在哪裡呢？

如果說念台詞的人是神智先生，那你就是舞台。不論登場的是什麼樣的演員，說了什麼台詞，都改變不了你身為舞台的事實。身為舞台的你，冷靜的觀察著來來去去的演員們。這就是所謂的「進行觀察的自己」。

「進行觀察的自己」不論過多久都不會改變。舞台上有很多演員與道具，戲碼也會改變。今天演的是喜劇，明天演的是悲劇，甚至有時還會上演荒誕劇，但舞台（「進行觀察的自己」）依然不變。

舞台唯一做的是冷靜觀察，心裡暗想「原來今天演的是這齣戲啊」「這種類型的演員會用這種方式念台詞」。這個「進行觀察的自己」，才是永恆不變的「你」。

請盡快發現自己內心有個「進行觀察的自己」吧。同時養成冷靜觀察「形象上的自己」的習慣。

如此一來，原本頑強的心也能變得柔韌。

4

「現在、這個瞬間」

應該連結的不是過去也不是未來，而是現在的這個瞬間

POINT

- 神智先生穿梭於過去與未來。但是重要的是「現在」。
- 過去不會改變。能夠改變的是「現在」。
- 「現在」的作為會改變未來。

神智先生活在眾多時間軸與世界線

大家都有聽過心不在焉這句話吧？

我們的注意力有時無法集中在自己眼前的人事物上，會轉移到其他地方，而且次數還相當頻繁。

看到高掛在天空的彩虹時，我們會覺得興奮。「進行觀察的自己」會火力全開，以全身感受色澤有多麼美麗、色彩巧妙的融合方式、彩虹與天空的色彩對比、雨過天晴後的空氣等，讓心思集中於「現在眼前的彩虹」。

但是，只要「進行思考的自己」（=神智先生）一出場，情況立刻丕變。他可能會大喊著：「哇！好漂亮的彩虹。得趕快拍照上傳。不然彩虹一下子就消失了。哎呀，被前面那棟大樓擋住了。那換個角度好了。」

於是，彩虹之美瞬間在心中蕩然無存。現在你滿腦子想的都是「如何獲得別人點讚」的拍攝技巧，當然也可能聯想到其他事情。

「上一次看到這麼大的彩虹是去夏威夷度蜜月的時候了。那時候我才二十幾歲，老公也把我捧在手掌心。那天看到的彩虹真的很漂亮。或許那樣的幸福已經回不去了。」

你的心思沒有放在眼前的彩虹，而是在夏威夷看到的彩虹與自我憐憫。

神智先生就像時空旅人，可以自由穿梭時間軸和世界線。這就是為什麼只要我們被某個想法鉤住，一回過神來就發現自己的思緒已經神遊到其他地方了。

不論是沉浸在自己的世界、心思游移、發呆、注意力渙散……簡單來說，這些表現指的都是被神智先生鉤住的狀態。

我們的人生只存在「現在這一瞬間」

為了使我們的人生顯得有意義，必須讓人生與「現在這一瞬間」搭上線。**一旦思緒被過去的悔恨與對未來的不安鉤住，請立刻提醒自己，趕快拆掉鉤子，讓自己重新回到「現在這一瞬間」。**

原因很簡單，因為我們只活在「現在這一瞬間」。如果還分神去想其他事情，等於人生只活一半。

而且我們無力改變過去。不論悔恨的情緒如何強烈，也無法倒轉時間。同樣的，我們也不可能事先確定未來的發展。雖然我們會因此感到不安，但唯一能夠影響未來的，只有我們如何活在當下。我們使得上力的只有「現在這一瞬間」。

如何活在當下，或許是個人的自由。但是請別忘了，為了未來而煩惱也是「現在」，回顧過去時覺得後悔的也是「現在」。這些對你的人生是有意義的事嗎？與其把時間花在這些事上，不如把精神集中在「現在能做的事」是不是更重要呢？

藉由觀察身體的變化可以連結「現在」

我們須要練習才能把精神集中在「現在」。具體的練習方法容我留待PART3說明，但請各位記住一點，我們所要依靠的就是身體的感覺。

思緒飄渺無蹤，但我們的身體就活在「現在這一瞬間」。我們聽到的聲音、聞到的香氣、看到與觸摸的事物都發生在這一瞬間。肺部呼吸、心臟鼓動、血液循環全身也都是發生在現在這一瞬間。

但是這些活動並不一定是常態。因為神智先生的耳語，有時候我們會心跳加速，感覺心臟怦怦跳，或是呼吸變得急促、手腳冰冷。這也是「現在這一瞬間」的變化。

這時就讓「進行觀察的自己」上場吧。因為你希望自己能盡快發現，神智先生打算藉由過去與未來的事鉤住你的心。**你也希望能夠仔細觀察身體現在的感受、看到了什麼、聽到了什麼。因為這些才是「現在」**。

與「現在」連結就像「船錨」下水，讓快要被神智風浪襲擊的船，能夠迅速前往避風港。

有關ACT與正念的關係

或許看到這裡，有人會覺得「這和正念沒什麼不同嘛」。但是**所謂的正念**（Mindfulness），並不像字面上的意思那樣，「要用某種東西將內心填滿」。**正念是一種提高讓精神集中在瞬間發生事情的能力，屬於心理療法之一**。簡單來說，就是觀察思緒流動的冥想運動。蘋果公司等許多國際知名企業，都將正念導入了研修課程，最讓人津津樂道的是，蘋果公司甚至在公司內設了冥想室，提供員工自由使用。

到目前為止的1～4的ACT關鍵字，都以符合科學的方式分析並採用了正念的手法。

不過，相較於正念是由佛教的冥想概念演變而來，ACT則是從認知行為療法的科學手法誕生。

ACT的訓練不是修行，實施前已經過科學驗證其效果。其目的並不是冥想，而是脫離融合與接納。

所以ACT把冥想定位成能夠有效達成前面兩者的手段。

另外ACT**也具備一些正念沒有的元素**，也就是接著要說明的**第5點發現價值**，以及**第6點言出必行**。這兩點也是ACT成立的緣由，請各位聽我娓娓道來。

5

發現價值所在

對自己真正重要的事物是什麼？

POINT

- 所謂的價值，有如人生中閃閃發光的北極星。
- 價值導向的人生豐富精采，能享有豐碩的成果。
- 找到適合自己的價值是最重要的事。

你為了什麼而活？

人生的意義是什麼呢？人是為了什麼而活呢？如果要追根究柢，我們活著的目的到底是什麼呢？有人能夠明確回覆上述的問題嗎？如果這些問題真有答案，那就是你的「價值」。

所謂的價值，存在於我們的心底深處。

也就是面對其他人、社會、世界時，希望自己如何表現的願望。

表現出在自己的一生中希望體現什麼、採取什麼樣的行動、想成為什麼樣的人、想要具備什麼樣的優勢的態度。

價值沒有終點，也不是目標。正確的說法是應該前進的方向。

灰姑娘和王子結婚，從此過著幸福快樂的日子。這個眾所皆知的童話故事，結局是灰姑娘與王子結婚。但是灰姑娘在結婚後依然要繼續過日子。

原本過著貧困生活的灰姑娘，婚後是否能順利適應皇宮的生活呢？就算她得到王子全心全意的愛，說不定還是有人對她不懷好意。

不難想見，神智先生當然不會錯過對灰姑娘耳語的機會。「門不當戶不對的婚姻不會幸福。如果

當初沒有借助魔法的力量嫁入王室就好了」「就算妳上了再多禮儀課，最後還是會貽笑大方啦」「盡量多要點錢然後就閃人吧」等都很像神智先生會講的話。

但是灰姑娘可沒那麼傻。她一聽就知道「這些都不是有用的建議」，立刻脫離融合，選擇了接納。接著好好思考自己現在該做什麼。

最重要的是「價值」。灰姑娘思索了一番，她想做的事是「以王妃的身分扮演好賢內助的角色，幫助更多和我同樣出身的孩子脫離貧窮。讓每個人不必擔心自己的出身，也不必在意自己是女性，能夠呼吸自由的空氣」。是的，這就是「抵達終點後的灰姑娘」心懷的「價值」。……呃、雖然說以上都是我幻想的內容。

價值不是目的。價值不存在著「達成」

價值是持續性的行動。例如「感情歷久彌堅」「希望成為公正又誠實的人」「希望每次都全力以赴」等這類有些抽象的表現，很可能就是決定你的價值的關鍵字。

舉例而言，假設一個把「活到老，學到老」奉為人生價值觀的年輕人，把短期目標設定為「我要考上東大」。考上東大只是目標，所以就算沒有合格，也不會撼動價值觀。因此不論神智先生如何在耳邊竊竊私語，像是「你已經那麼用功了還是考不上，真可憐啊。書都白讀了」「去別的大學一定會覺得無聊啦」，只要建立起明確的價值觀，就不會被這樣的想法鉤住，變得自暴自棄。

價值好比明確指引方向的羅盤，就像是人生的指南針，會為你指點東南西北的方位。或者也可以說是在暗空中閃閃發光的北極星。就算遭遇暴風雨，失去了航海圖也失去了指南針，只要找得到北極星，就不會迷失前進的方向。我們一輩子都要朝著這個價值前進。正因為永無止境才有價值。

你的價值所在呢？從人生的四個領域進行思考

思考「我想要一輩子追求的價值到底是什麼」時，建議各位不妨從人生重要的四個領域切入，或許比較容易。那就是①人際關係、②工作與學業、③個人的成長與健康、④閒暇時間。以下是我為各位準備的幾個問題，希望能幫助各位從中找到自己的價值。

另外，價值的主詞都是「我」。例如「我希望自己保持○○」「我希望能表現得像○○一樣」。能夠操之在己的事情只有一件。就是自己要採取什麼行動。

①人際關係

除了伴侶、孩子與父母、朋友與職場的同事，也包含僅有點頭之交和不認識的人之間的關係，請問你想要建立什麼樣的人際關係呢？你想要如何表現自己呢？如果你自認已經表現得很好，你想要和誰進行什麼樣的互動呢？還有和誰一起採取什麼樣的行動呢？

②工作與學業

你希望自己在職場和學校中能發揮什麼樣的能力？希望如何經營與職場同事的關係？如果能夠成為理想中的自己，你希望自己在職場和學校中如何表現？

③個人的成長與健康

除了工作以外，你想要從事（或重拾）什麼活動？你想要和什麼樣的人一起活動，又希望達到何種目的呢？你想要如何調整自己的生活型態？隨著年齡的增長，你希望自己成為什麼樣的人？

④閒暇時間

你想要從事哪些休閒娛樂或運動呢？你想要用什麼方式紓壓、增添生活樂趣呢？想要和誰共度一段什麼樣的時光呢？

當各位從以上四個領域切入進行思考，或許會比較容易找到自己的「價值」。另外我會在PART 4介紹能幫助各位找出「價值」的訓練，請務必試試看。

6

言出必行

光是紙上談兵還不夠。
必須朝著自己的價值ACT（行動）！

POINT

- 採取符合價值的行動是ACT的目標。
- 立下小目標，確實達成。
- 勿以「死了才做得到的事」為目標很重要。

ACT的本質是ACTION（行動）！

在本章的尾聲，我要向各位傳達最重要的關鍵——付諸行動。

對ACT而言，就算對「脫離融合」與「接納」已經駕輕就熟，但如果不改變行動，還是談不上成功。找出價值，並採取符合價值的行動才是ACT的本質。

前述提到「價值不是目的」。但是，如果各位能夠找到明確的價值，我希望你們最好接著設定目標。而且**除了遠大的目標，也要設定每天都能完成的小目標**。以下將為各位說明設定步驟。

步驟① 把價值寫在紙上

第一步的重要行動是把自己認為的「價值」寫在

紙上。假設你的價值是「以家人的幸福為優先。希望能建立一個幸福美滿的家」，那就把上述這段話寫下來。書寫的動作非常重要，因為親筆寫下來有刻在心中的效果。

步驟② 設定容易達成的小目標

請設定馬上可以執行的簡單目標。第一步的目標愈小愈好。例如「明天要露出笑容對先生說早安」「睡前唸繪本給孩子聽」等，都是簡單的小事。把「健康」當作價值的人，不妨設定「買套新的泳衣和泳帽」。

步驟③ 設定短期目標

接著設定大約可持續一個星期~一個月的目標。或許直接延長步驟②的目標也不錯。例如加碼到「每天誇獎孩子一次」「周末去泳池游泳」。

步驟④ 設定中期目標

為了實現自己的價值，有沒有什麼必須耗費幾個月~一年左右才能完成的事呢？或許其中包括了「工作太忙，忙到沒時間回家吃晚餐。找主管談談，調整現在的工作量」「一定得開始運動了。每天提早三十分鐘起床，走路到下一站去搭車」等。

步驟⑤ 設定長期目標

想想有哪些須要花費好幾年才能實現的目標。如果和孩子有關，就必須考慮升學考試和孩子長大離家的事。如果和職業生涯規劃有關，就把跳槽和提升技能納入考量，擬定策略。例如如果時間允許，就設定「參加游泳比賽的目標」，或者是「開始學鋼琴，在六十歲大壽當天現場演奏」。

勿以「死了才做得到的事」為目標

各位要設定什麼樣的目標都可以，但要把握一個原則，就是不要把死了才做得到的事當作目標。例如這樣的目標：「我想給家人滿滿的愛。但我老是罵孩子。我希望以後不要再罵孩子了」。但是，要做到「不罵孩子」，絕對是死人做得比活人好吧。因為死人不會開口說話。話說回來，如果要想出具體的對策，避免自己又罵孩子，應該是你比較能做到吧。

或許你會想出「只要孩子不收東西就會被我罵，那乾脆把櫃子搬到比較方便的地方吧」「既然每天要讚美孩子一次，那只要想到孩子的優點就趕快記下來」等各種好點子吧。

同樣的道理，「戒菸」一定也是死人做得比你好的事，但如果換成「因為習慣飯後來根菸，乾脆以後吃完飯去散散步，讓自己呼吸新鮮空氣」，一定是你做得比較好。還有，「不要感到不安」當然是死人比你更擅長的事，但如果換成「感到不安的時候就深呼吸，觀察身體的狀態」，一定是你能做得更好。

與現今連結，讓人生更豐富

另外我也希望各位不要被神智先生的聲音所迷惑，而是與「現在這一瞬間」連結，每天拿出實際的作為。我相信這麼做一定會拉近你與價值的距離。

早上起床後，請先慢慢深呼吸。喝水時，也請仔細品味水的滋味、溫度與氣味。另外也請注意水分進入身體後，在體內流動的狀態。

在旅行途中看到美麗的花、壯觀的建築物、出自大自然手筆的動人美景時，請先別急著拍照。請先用自己的眼睛看、自己的耳朵聆聽並親手觸摸。請確認自己內心有什麼樣的感受。

吃東西時，請先關掉電視再仔細品嘗。請好好品味舌尖的觸感與通過鼻腔的氣味。

孩子說話時，也請各位專心傾聽。請不吝對自己的伴侶進行肢體碰觸，感受對方的體溫。與年邁的父母同行時，請配合他們放緩步調。當身旁有人，請把心思放在對方身上，充分感受與對方共度的時間。

當然，你的神智先生也不會錯過在這些瞬間對你耳語的機會。因此，一股截然不同的情緒隨時會向你襲來，企圖鉤住你。

但是你無須害怕。只要你及時發現「我現在被鉤住了」，在心裡稍微擠出一點空間容納想法和情緒，就能夠再度把注意力集中在眼前的事上。

接著反問自己：**「對我來說現在最重要的事是什麼？」**再依照這個價值採取行動。

請各位別忘記一件事，ACT也是行動（Action）的前三個字母。

ACT是什麼？
代表不懂的人
發問！

2 ACT的用語實在太難了嗎？

近小姐，妳為什麼又是一臉沉重的樣子……是我想太多了嗎？

糟糕！我的臉又露餡了嗎？老實說，我聽到我的神智先生居然對我說：「ACT的用語太難了，妳不擔心讀者會覺得很無聊嗎？」其實，不只是神智先生，好像連總編輯也這麼覺得。

嗯。確實是不容易理解。這也是ACT必須解決的課題。ACT的正式名稱是「接納與承諾療法」，我想大家也會覺得這個譯名有點拗口吧。

沒錯沒錯。什麼「脫離融合」「進行觀察的自己」都是很難理解的概念。搞不好有人會以為這是一本討論哲學的書呢。你說怎麼辦啦！

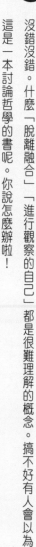

我也不是沒想過要改用更簡單的詞彙說明……但是，就找不到更適合的詞彙啊（汗）。

原來是這樣。我原本以為老師是故意選擇艱澀難懂的用語，想要讓讀者以為「這本書好像很有效」。

這絕對是天大的誤會。如果可以用簡單易懂的詞語表現，我沒道理要講得很複雜啊。但是我試了都覺得不夠契合，反而變得更難懂。而且我對讀者的吸收能力很有信心。妳看，「社交距離（Social Distance）」「台場城（Diver City）」「SDGs」（永續發展目標）這些詞彙大家不都琅琅上口嗎？如果連ACT的艱澀用語也能順利消化，那我就太開心了。

（嗄？依然覺得困惑）我知道了。那就保留這些用語，即使很艱澀也沒關係。要保留是可以啦，但請問您有想過如果因為用語過於艱澀，導致讀者看不下去該怎麼辦嗎？

那就跳過去，不讀也沒關係！

嗄？真的可以跳過去不讀嗎？

是的。可以跳過整個PART2，只實踐PART3的訓練就好。如果在執行的過程中有不明白的地方，再翻回PART2。對ACT而言，實踐最重要。

反正就是先做再說了嗎？

沒錯，先做再說。只要腦中浮現的想法、畫面、話語，能夠和「我」產生一定的距離就OK。

具體而言，只要能夠覺得「話只是話」「我擔心的事只是我在想的事」就可以了。

您說的是「脫離融合」「接納」嗎？

是的。能夠做到這點都是拜「進行觀察的自己」的存在所賜。只要能夠做到與「現在這一瞬間」連結，朝著「價值」做到「言出必行」就可以了。

啊——好像懂了，但又不太確定。但我覺得起碼懂了一點點。

對啦對啦，就是這種感覺。強詞奪理是神智先生的強項，所以最好不要對他說的話太認真。以ACT的世界而言，透過實際的訓練掌握到「我好像懂了」的感覺很重要。

也就是說不必想著要如何搞清楚每一個用語的意思嗎？

是的。如果與用語融合，就會演變成「去找木乃伊的人也變成木乃伊（反被對方牽著鼻子走）」的情況。

接下來我想換個話題，ACT原本是為了改善哪方面的療法呢？

改善憂鬱症和抗壓的效果自然不在話下，改善慢性疼痛的實證案例也很多。

所謂的慢性疼痛，就是藉由藥物與治療也無法發揮效果的長期疼痛吧？您是說ＡＣＴ對改善這種身體的症狀也有效果嗎？

疼痛其實受神智先生很大的影響。人一旦感覺到「疼痛」，就會產生「好討厭疼痛」「想擺脫疼痛」的想法。結果反而會拚命尋找疼痛的根源。

但目前已經證實，只要把疼痛「擱置不管」，把心思放在追求對自己有價值之物，反而會增加很多不會因疼痛所苦的瞬間。

這麼聽起來，ＡＣＴ是可以應用在各種領域的心理療法呢。

是的。只要先了解ＡＣＴ，遇到身心不適時，能夠派上用場的機會很多。就像事先下載一個好用的ＡＰＰ一樣（笑）。

在我認識ＡＣＴ以後，確實覺得肩頭的擔子好像有減輕一點點的感覺。和平常我不擅長應付的對象交談時，也發現自己「現在在融合呢」。

太棒了！也請妳在日常生活中逐步加入訓練的部分喔。

PART 3

解除心靈被鉤住狀態的七項練習

ACT的本質在於實踐勝於理論。ACT最重視的是「做」還是「不做」。

ACT是唯有付諸行動才有意義的療法

讀到這裡，如果各位能夠產生「好像有點知道ACT想做什麼了」的想法，我會覺得很欣慰。

嗄？還有一些無法理解的部分？我想這也是很正常的事。

說實話，ACT的本質並非理論，而是實踐，也就是付諸行動（Action）。沒錯，ACT剛好也是行動的意思。

請各位回憶起當初學游泳的情景。就算游泳教練一再叮嚀你「游自由式的時候手要這樣抬」「雙腳打水時，膝蓋不要彎」，相信你一開始也是聽得一頭霧水。雖然聽起來像廢話，但游泳一定得下水。一定要把臉浸在水裡，手腳也不用出力，想辦法讓自己浮在水上。這一步是游泳的起點。為了避免直接沉入水中，手一定得動，雙腳也得打水。直到此刻，我相信你才終於了解教練剛才在岸邊解說的意思。

ACT也是如此。請不要以為只要學習理論就能理解。就像學游泳時，如果不親自下水就不可能學會一樣，不論讀了幾本書，**如果不付諸行動，就無法親身感受ACT的效果**。

我在PART3和PART4總共會為各位介紹十種練習方法，主題各有不同。PART3主要實踐的部分是第八十九頁的六角形圖表的①~④。PART4則是以⑤和⑥為主。請各位抱著輕鬆的心情試試看。

何時進行練習？何時都OK。最好是每天

PART3介紹的練習方法共有七項。目的是讓各位發現自己已經上鉤，而罪魁禍首包括各種在腦海中盤旋不去的念頭、「反正我就是○○」的既定觀念、憤怒&不滿&不安等負面情緒。接著想辦法拆下鉤子，讓自己穩穩降落在安全的地方。

首先請按部就班試試看。一個人很難邊看書邊做，所以嘗試之後，可能會心生「好像做不起來」「做了大概也沒有效果」之感。當然效果不是立竿見影。ACT的練習沒有一目瞭然的評鑑機制和達成目標，所以不容易感受到是否順利進行。但只要持之以恆，自然會逐漸掌握箇中訣竅，領悟到「啊，原來如此，做到這樣就合格了」。

「這些練習適合什麼時間做？」「一個星期要做幾次？」都是我不時會被問到的問題，我的答覆是；「隨時都可以做！想做幾次都可以！」

尤其是練習1（第一三六頁），希望各位把它列入每天的例行事項。因為利用這個方法，可以簡單發現「進行觀察的自己」。

一旦發現「唉，我又被這個想法困住了」，請立刻進行練習2～4。只要不斷累積練習的經驗值，我相信各位應該能夠掌握脫離融合的訣竅，以及體會所謂的接納又是怎麼一回事。

或許有人會想「做了也不會有用啦」「怎麼這麼麻煩」。我懂。但是，這些想法也是神智先生灌輸給你的。請別忘了，神智先生常用的套路就是當你打算往前踏出一步，他就出聲叫住你「等一下」。

一開始不順利很正常。就像學游泳一開始要仰賴浮板，學騎腳踏車時一開始還不能拆掉輔助輪。但只要持之以恆就會慢慢掌握訣竅，最後在某一天突然開竅；「我覺得我好像會了耶！」

總之請付諸行動。屆時，請仔細觀察自己心境上有何變化。**抽離心情的起伏、情緒搖擺、想法的變化看事情，正是完全掌握ＡＣＴ的第一步。**

練習

1

傾聽神智先生的耳語

首先聽聽自己深層意識的聲音

對我們而言，思考是一件再日常不過的事。因此，我們常常連自己是不是在思考都渾然不覺，導致與思考融合。

首先請「觀察」自己的思考。想像自己站在橋上，俯視著流動的河水。河裡流著各式各樣的思考，但請不要追逐，只要盯著河川的水面就好。或許有些想法要考慮很久，不會馬上跟著河水流走。有關這部分，我將在練習2～4為各位說明解決對策。首先利用五～十分鐘，持續「觀察」自己的思考。Let's go！

1 閉眼眼睛坐在椅子上5分鐘

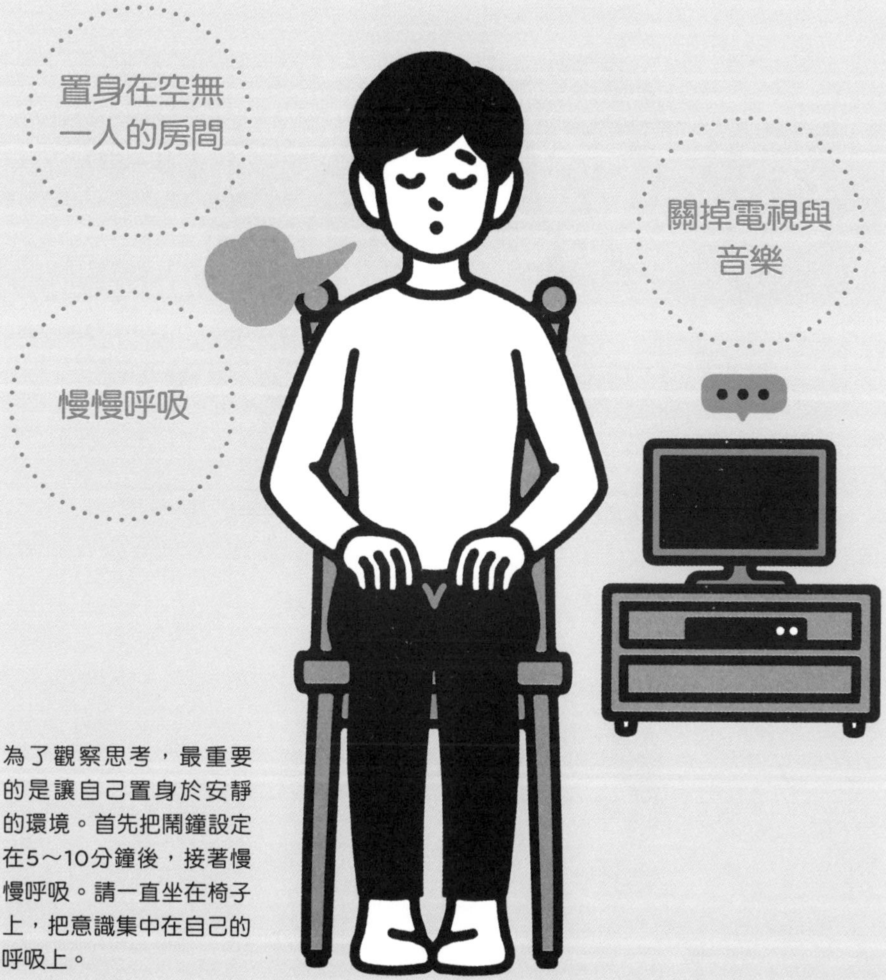
置身在空無一人的房間
慢慢呼吸
關掉電視與音樂

為了觀察思考，最重要的是讓自己置身於安靜的環境。首先把鬧鐘設定在5～10分鐘後，接著慢慢呼吸。請一直坐在椅子上，把意識集中在自己的呼吸上。

2 腦中應該會浮出一些話語或想法

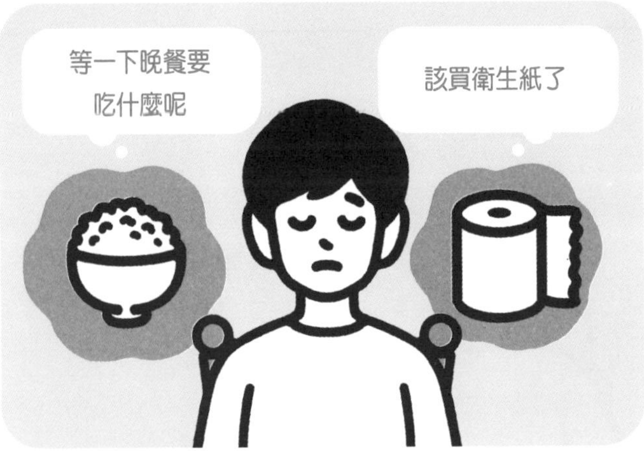

即使很想什麼都不要思考，但腦中會自動出現各種想法與話語。但是那些都只像是漂流在河川上的葉子，只要想成是「有這樣的想法流過」，堅守旁觀者路線，不要被它們困住，這點很重要。

3 不要被話語與想法困住，專心呼吸

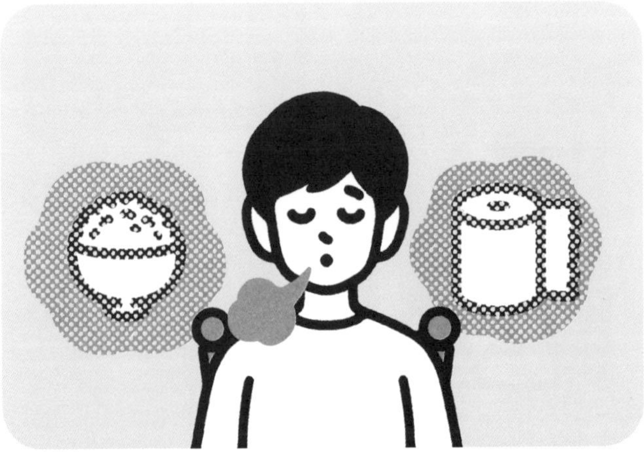

感覺自己快要被困在某個想法裡的時候，請再度把意識放在呼吸上。慢慢吐氣，再慢慢吸氣。只要發現「被這個想法困住了」時就專心在呼吸上。只要重複這麼做就好。

POINT

發現「我被想法吞沒了！」也很重要

如果被想法困住了就再次專心呼吸

請問各位試了之後覺得怎麼樣？即使不斷告訴自己「我什麼都不要想」，但我們的思考可沒那麼好應付，不可能輕易「放空」。**雖然無法停止思考，但可以做到不讓自己被想法困住。**因為想法就像河水一樣不斷流動。如果「該買衛生紙了」的想法一直沒被沖走，反而繼續往下想「對了，〇〇超市現在大特賣。今天的訓練也差不多可以結束了吧？」表示你已經被困在了這個想法裡。只要一發現，就把意識回到呼吸上。練習2的方法能夠讓想法快速離開，請各位一併參考。

- 浮現在腦中的是什麼樣的畫面與思考？
- 是否有些想法就是久久無法離開？
- 寫下浮現出腦海的想法來。尤其是讓自己被困住的想法，更要詳細記錄。

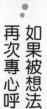

練習

2

與「現在、這裡」產生連結

為了避免被思考囚禁，與身體產生「連結」很重要

神智先生的耳語（浮現在腦海的想法、情感、意象）會勾住你，把你帶到不是過去，也不是未來與現在的地方。為了拆掉鉤子，最好的辦法就是與「現在、這裡」產生連結。

所謂的「現在、這裡」，就是自己的身體與現在所處之地。包括自己的呼吸、手腳、周圍的事物、聽得到的聲音、聞得到的氣味。請把意識集中在上述提到的事物上。這樣就可以與「現在、這裡」產生連結。

從下頁起為各位介紹的是四種可讓你回到與「現在、這裡」的練習方法。請各位務必試試看。

呼吸訓練　確實吐氣，自然吸氣

①把吸入肺部的空氣全部吐出來

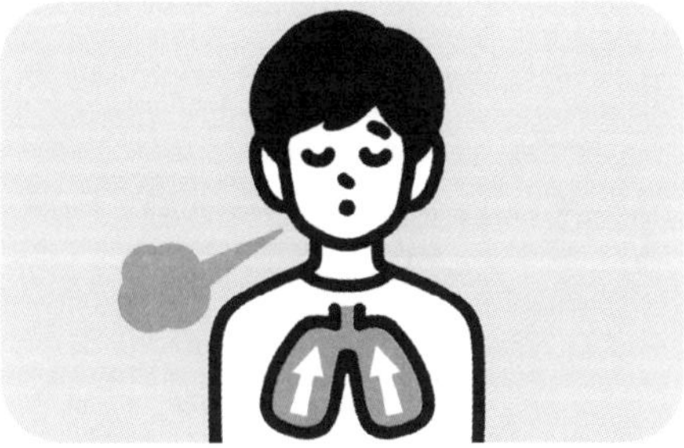

②連最後一絲空氣也要擠出來

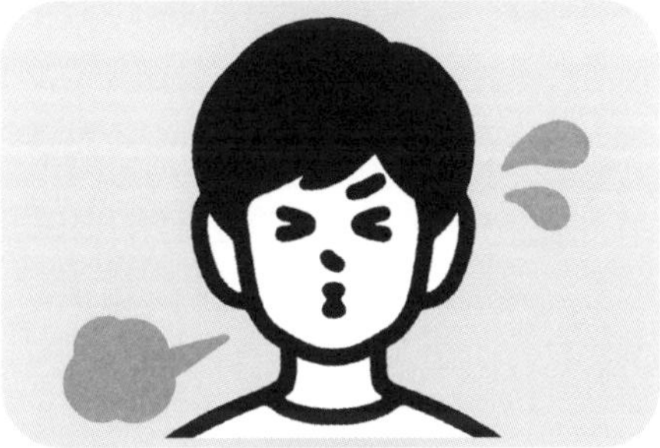

③觀察肺部吸入空氣的情況

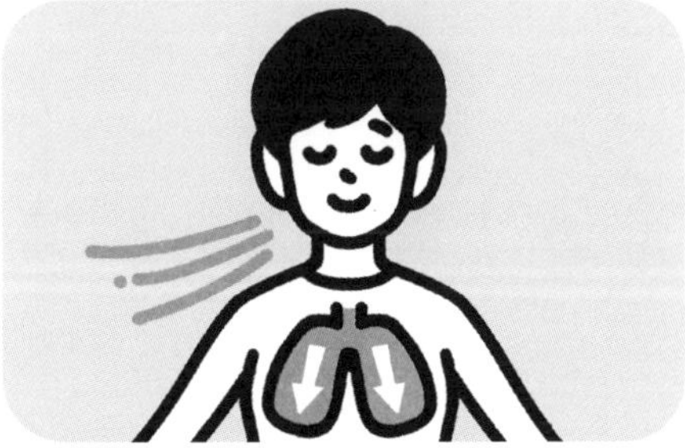

專心呼吸可以排除雜念。只要把氣全部吐出來，空氣自然會進入肺部。宛如首次浮出水面呼吸的人魚。請仔細觀察自己肺部的動態。

全身掃描　確認自己的身體

1　把意識集中在全身，從頭部到腳尖

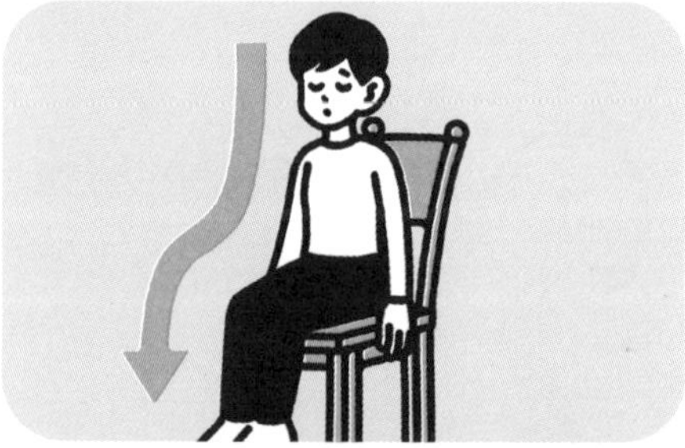

2　將腳底緊貼在地面

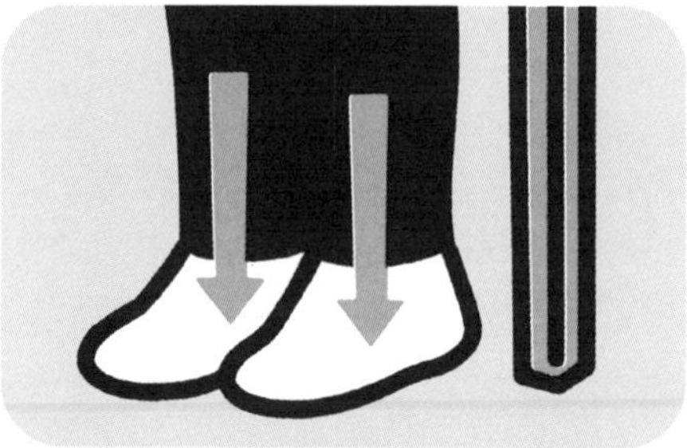

3　雙手合掌放在胸前

審視自己的身體，從頭頂到腳尖逐一確認。如果覺得難以確認，就把腳底緊貼在地板，並將雙手合掌，以實際感受到「自己的身體就在這裡」。

與場地產生連結　將意識集中在所見之物、聽到的聲音上

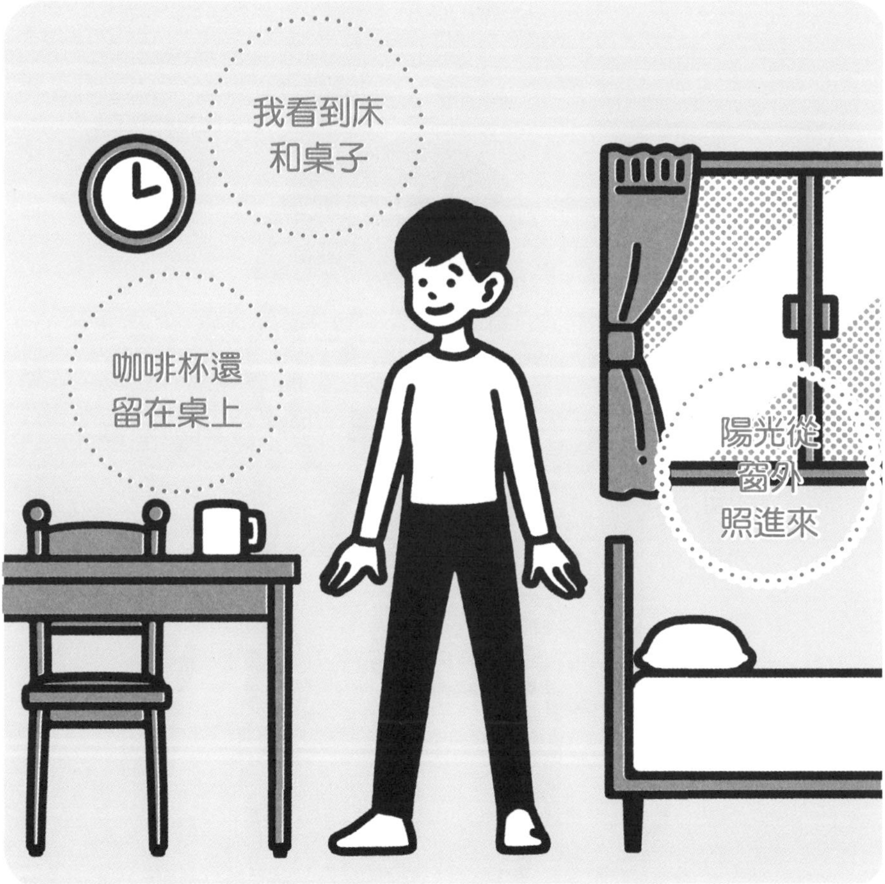
我看到床
和桌子
咖啡杯還
留在桌上
陽光從
窗外
照進來

張開眼睛，確認自己身在何處。重點是一一檢視映入眼簾之物呈現什麼樣的狀態。不單是「看得到的東西」，聽到什麼樣的聲音、聞到什麼樣的味道等都包括在內。

與五感連結　找個東西認真品嘗

泡杯咖啡或茶仔細品味。或者含一顆巧克力，讓它在口中慢慢融化，細細品味。

POINT

懷抱著好奇心，專心做一件事情！

如果精神渙散就再度集中！不論幾次都一樣

進行這項練習時，神智先生應該會不斷對你耳語，企圖讓你中斷練習。但他不一定會得逞，因為你可能會發現「怎麼又來了」，並立刻把意識集中在呼吸和身體上。為了順利把意識集中在呼吸上，除了注意肺部的動態，呼吸的同時，也要關注身體的各個部位，像是「吐氣時肚子會凹下去」「胸部和肩膀會一起動」等。另外也可以聆聽聲音、觸摸某個東西。不論被鉤住幾次，只要每被鉤住一次就拆一次即可。正如「熟能生巧」這句話，**只要多加練習就會愈來愈熟練。**

- 思考也會在你訓練途中企圖妨礙你。
- 如果被鉤住1000次，就把鉤子拆掉1000次就好了。
- 呼吸、身體，以及周圍的聲音、物品、氣味、味道可以幫你與「當下」連線。

練習

3

識清「神智妖怪」的真面目

在你內心賴著不走的想法與情緒是什麼呢？

不論你多麼努力想要與「此時此地」連線，或許還是有某些想法和畫面陰魂不散的對你勾勾纏。除了讓你覺得痛苦，也使你湧出憤怒或悲傷的強烈情緒。把你困在其中無法思考其他事情的罪魁禍首就是我們某部分的神智。

我把這樣的神智稱為**「神智妖怪」**。當你被這種妖怪鉤住，就會不知不覺的穿上玩偶裝。

不過你不必與之對抗，也不用想著要趕跑它。**你只要脫掉玩偶裝，好好看清它的模樣，再替它取個名字就夠了。**因為這麼做可以讓你及早警覺到「我遇到妖怪了，這個不是我」。

1 「神智妖怪」究竟是何方神聖？是話語？是影象？還是聲音？

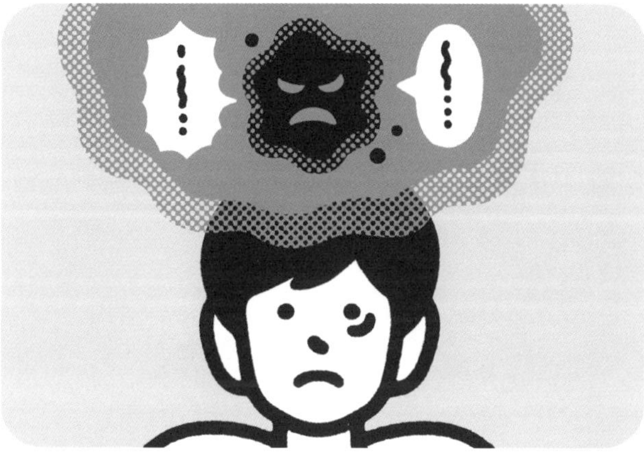

進行練習時或是平常正在做某件事情的時候，負責控制的想法的「神智」究竟是何方神聖呢？是話語？是影象？還是聲音？聲音是大還是？如果有顏色又是什麼顏色？

2 具體的寫下來

聽到母親的聲音說：「你真是什麼事都做不好！」

請仔細觀察你心中浮現出什麼樣的念頭。不論是聲音、話語還是某段回憶，都要具體記錄下來。如果浮現的是畫面，請具體描述畫面的內容。

3 替「神智妖怪」取個名字

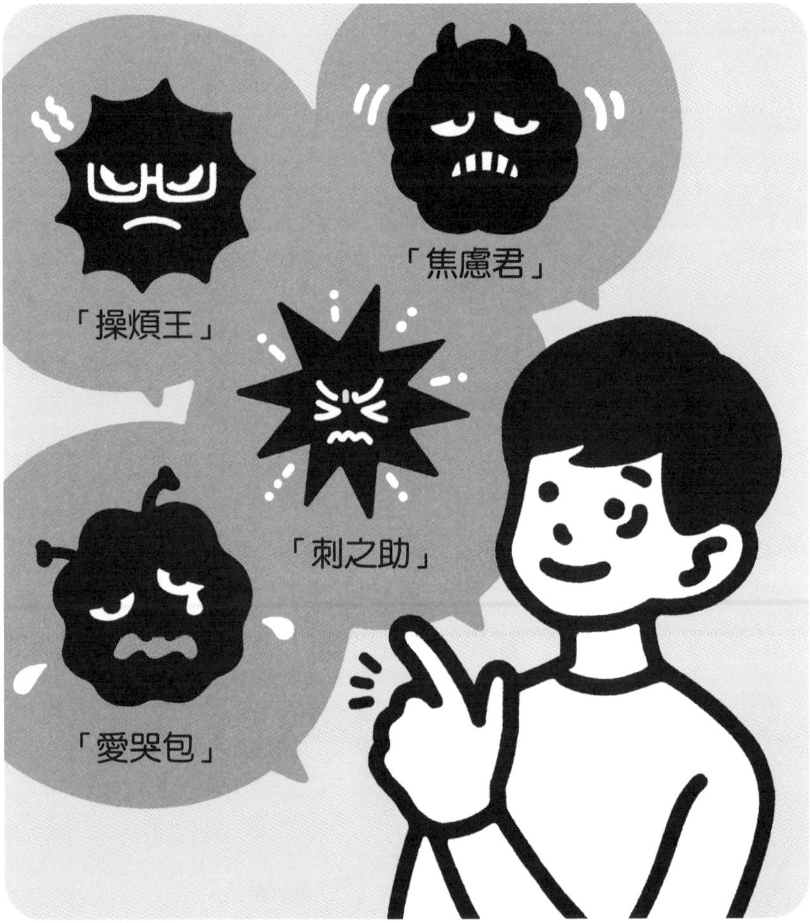

請你替每種思緒命名。一旦有了名字，等到這些想法下次再出現，就可以用「啊，〇〇這傢伙又來了」，可避免被想法融合。即使只是用很直白的名字，例如「負面思考」「痛苦」「那次的記憶」之類的都關係。

POINT

就算依然覺得心情不爽快也沒關係

不斷脫離融合，直到徹底斬斷與「妖怪」的連結

這個練習是讓你發現自己被某些情緒鉤住，並且想辦法讓自己「脫鉤」。這個過程大多很辛苦，也會造成精神上的負擔，覺得「雖然試了，心情還是很沉重」，或是「突然覺得很心酸」。「脫離融合」並不是為了消除不安與負面感受的練習，只是為了讓自己與沒用的想法、情緒一刀兩斷的作業。只要持之以恆，不論「妖怪」如何嘲弄，你都可以左耳進右耳出。如此一來，大多也能順利消除不愉快的感受。

- 特定出「妖怪神智」在自己心目中的形象很重要。
- 取名字的用意是使自己與想法一刀兩斷。
- 只要持續進行脫離融合的練習，以後不論「妖怪神智」說什麼，應該都可以充不聞！

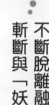

練習

4

「脫離融合」任君選

脫離融合的方法有超過一百種

等到各位透過練習3，**揪出「妖怪神智」的真面目，下一步就是利用各種方法脫掉「妖怪人偶裝」。**

神智先生的口才絕佳，說起話來說服力十足，總是能成功挑起自我批判、自我厭惡的情緒，讓你想起不堪回首的往事、怨恨別人。當你發現你快把持不住自己，眼看就要陷入負面情緒，請盡快利用脫離融合的技巧。

ACT號稱有一百種以上的訓練方法可以脫離融合。以下就為各位介紹其中六種，請各位抱著享受自助餐吃到飽的心情自行選擇喜歡的方式。

打招呼練習　向神智先生說「謝謝」，再和他說再見

這是最簡單的技巧。只要神智先生開始放送負能量，你就立刻向他道謝。請對他說：「嗄？又這件事？我一直很謝謝你唷。不過這件事我已經知道了，不必再聽了」「謝謝你告訴我」。重點在於不要對他冷嘲熱諷，而是要表現得很誠懇，同時發揮幽默感。為這個想法取個名字，以此稱呼他效果更好。

動漫聲練習

試著改用動漫人物的聲音說說看

試著用動漫人物的聲音，說出最常浮現在腦海中的話語。最好用比較有辨識度的聲音。超人氣動畫的角色或許是不錯的選擇。唯一要注意的是，一聽到自己用這種聲音講話，會不會有人忍不住就笑了出來呢？

歌唱練習

配上旋律唱出來

搭配〈生日樂歌〉的旋律唱出來
我～天生是個～俗辣～♪
明天～肯～定～被我～搞砸～♪

如果腦中聽到神智先生的聲音，請把想講的話唱出來。除了〈生日樂歌〉，《櫻桃小丸子》等長壽動畫的主題曲旋律也是不錯的選擇。在腦中盡情歡唱之後，或許你就不會那麼在意神智先生說什麼了。

影像化練習　替電影場景重新上字幕

1　把過去失敗或犯錯的畫面當作電影的一幕回想。

2　以神智先生說的話重新上字幕。

殊不知課長就在
我的背後
在電話中講課長的
壞話……

3　最後投射出片名「我的失敗故事」。

我的失敗故事
～小心背後～

如果腦中浮現的是過去苦澀經驗的畫面，不必急著將之趕出腦海，而是像看電影一樣，以旁觀者的視角再看一次，並且把「我怎麼會說這種話」等表示後悔的話當作字幕打上去。以置身事外的方式來看，可以讓自己與思考保持距離。

左耳進，右耳出練習

把「破滅的未來」當作背景音樂，聽過就忘

日本的人口到了2065年會跌破9000萬人，每2.6人就有1人超過65歲。到那個時候我已經80歲了。我又沒有孩子，那誰來照顧我呢？國民年金也可能會破產啊，而且我的存款又少得可憐。啊，我該怎麼辦？我的未來已經毫無希望了，注定破滅……

神智先生不斷敘說著對未來的不安、別人在背地裡說你的壞話等這些為了證明你很不幸的「故事」都沒有認真傾聽的必要。把它當作收音機播放的背景樂就好。專心做好現在該做的事。

改換說法練習

試著簡單的換句話說

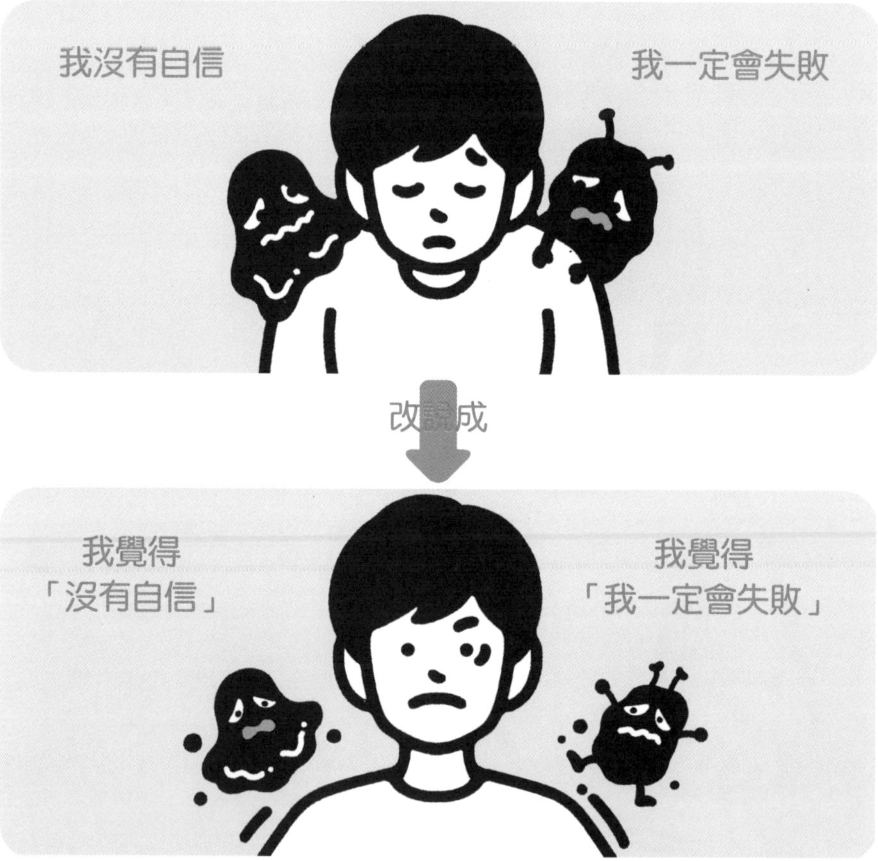
我沒有自信
我一定會失敗
改說成
我覺得「沒有自信」
我覺得「我一定會失敗」

雖然方法再簡單不過，卻可以發揮從客觀角度檢視自己的作用。「我一定會失敗」是與神智先生融合的狀態時會說的話，但「我覺得我會失敗」是「進行觀察的自己」說的話。簡單來說，換個表達方式等於改變觀點。

POINT

即使神智先生企圖干擾也聽過即忘

深切體會神智先生的話只是「話」很重要

以上為各位介紹的方法各有不同，但殊途同歸，都是為了讓你發現神智先生的耳語不過只是「話」，所以我才會要各位又是變聲又是唱歌，目的就是為了沖淡這些話的分量。神智先生當然不可能就此認輸，想必他也會出聲反擊「你別再用動漫人物的聲音講話了。我那麼煩惱你還搞笑」「拜託你認真一點好嗎？想想自己為什麼會那麼痛苦」等。但是你根本不必浪費時間回應他。你只須要向神智先生道謝，用「謝謝你的建議。但我今天聽到這裡就夠了」這句話打發他就好。請暫時把注意力集中在呼吸上。只要他又開口，你就一再以這個方法處理。

- 如果進行得不順利，請挑戰其他的練習。
- 記住「熟能生巧」這句話。只要多練習一定會進步。
- 同時併用把意識集中在呼和自己身體上的方法。

練習

5

「與思考保持距離」的技巧

企圖停止思考的行為是「無謂的掙扎」

我在練習4中為各位介紹了脫離融合的方法，好讓各位擺脫困擾自己的想法與情緒。那麼，我們該拿這些想法與情緒怎麼辦呢？可以拿去埋掉還是拿去燒掉嗎？答案是沒辦法。儘管如此，還是有許多人否定自己的想法或不想承認自己的心情，甚至為了逃避現實而染上酒癮或購物成癖，或是沉迷於賭博和電玩的世界。但這些都只是傷害自己的行為，而且無濟於事。

透過以下的練習，各位可以實際感受到這一點。請拿張紙，實際體驗該如何面對無法操之在己的事情吧。準備好了就開始囉。

1 把讓你感到痛苦的話寫在紙上

這張紙上寫的就是控制你的「妖怪神智」。用大字寫下這些經常在你耳邊叨唸的話語。

2 把這張紙拿得愈遠愈好

雙手拿著這張紙，伸直手肘，盡可能把紙拿得愈遠愈好。因為上面寫的都是自己很討厭的話，雙手一定要緊緊壓住，讓紙張遠離自己。

3 如果一直保持這個姿勢會怎麼樣呢？

手臂一定會覺得酸吧。應該沒有人有辦法連續維持這個姿勢好幾個小時。而且這句話就那麼「刺眼」的出現在自己面前，就算把頭撇開還是看得到。

4 鬆開手臂的力氣，把紙放在膝蓋上

收回拉遠的紙張，放在膝蓋上。雙手可以空出來做其他事。寫在紙上的字已經不會進入視線了。雖然紙離你很近，但你已經不會介意它的存在了。

POINT

不要與自己的想法搏鬥。給它一個容身之處吧

想想如何與討厭的「想法」一起走下去

這裡使用的「紙」等同於「想法」。相信各位已經發現，因為它就是我們的一部分，即使巴不得能離它愈遠愈好，事實上也不可能全身而退。

恨不得能拋棄的情緒也一樣。**只要放在膝蓋上，暫時就不會對你造成妨礙。**你可以使用電腦，可以看書，也可以和朋友聊天。

把它放進氣球裡也是個好主意。裝進氣球後，不論走到哪，你都緊握著氣球線。「想法」就輕飄飄地飄浮在你的頭上，但你的自由沒有受限，想去哪就去哪。請想像這樣的畫面，想想你要把想法放在哪裡。沒有必要讓它擋住你的視線。

- 沒有必要一直盯著讓自已備受煎熬的想法。
- 讓想法一直停留在膝蓋上，就可以去做自己想做的事。
- 讓想法浮在頭頂上，你就可以去任何你想去的地方。
- 思想發揮的影響力應該會漸減少！

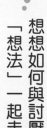

練習

6

打造情緒的容身之處

千萬不要對著逐漸高張的情緒火上加油

憤怒、不安、絕望等情緒風暴有時會突然向我們襲來。首先我想告訴各位的是，**情緒無法被壓抑**。所以當情緒上來，沒必要往裡面添加更多柴火，使其燒得更旺。所謂情緒的「柴火」，就是神智先生的耳語。例如「你為什麼會出現這樣的心情？原因是什麼呢？」「你說我做了什麼？你的意思是這是我的錯囉？」「你別發脾氣，冷靜下來」等。但是情緒風暴來襲時，人會愈想愈激動，可能會怒吼、哭泣、對人動粗，以負面的形式向外宣洩。所以，**為情緒打造一個容身之處就顯得很重要**。為此就要好好觀察受情緒左右所出現的身體變化。

1 感覺不愉快時，情緒會表現在身體的哪個部分呢？

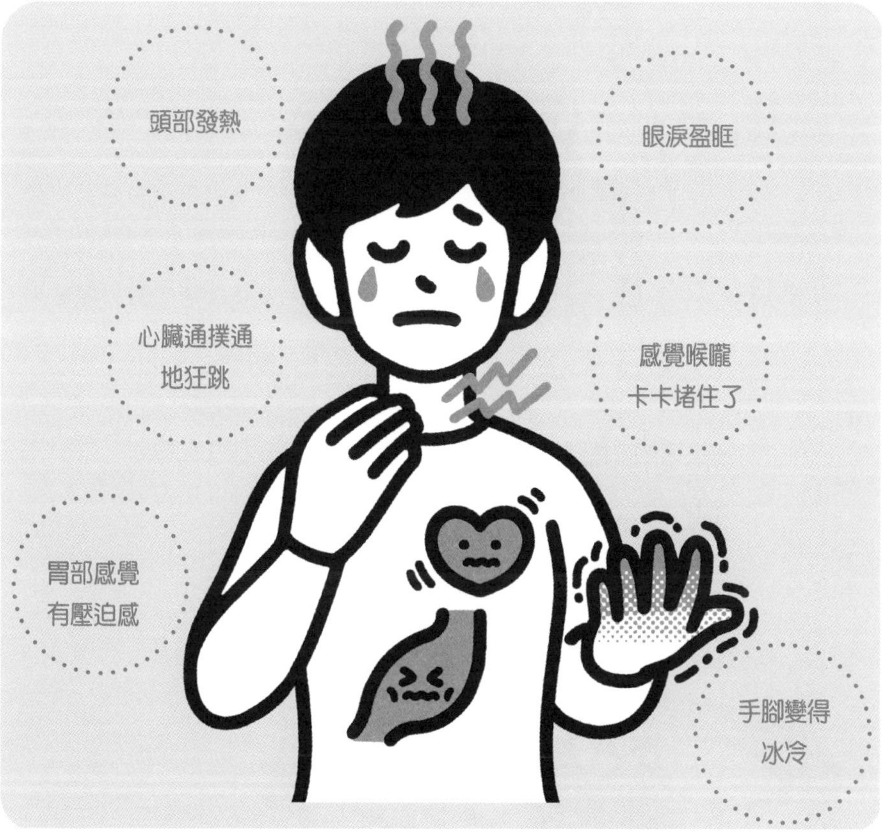

掃描全身，檢查身體有沒有覺得不舒服的部位？血液循環的況如何？體溫呢？感覺身體的那個部位很緊繃？身體受情緒激動所影響，出現了何種變化？請仔細觀察「當下」自己的狀態。

2 實際感受自己的身體

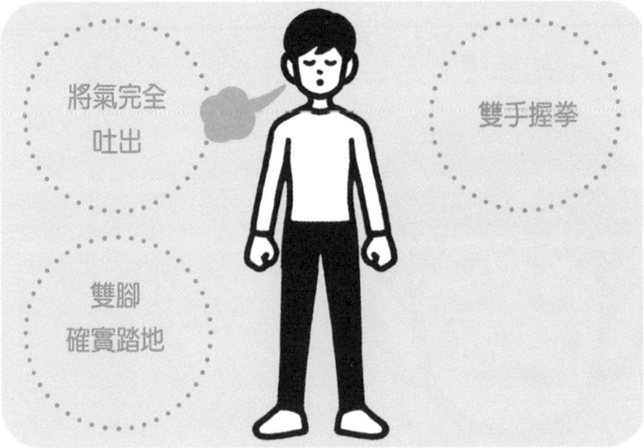

把意識拉回到自己的身體。重點是呼吸。把氣全部吐掉後再次緩慢呼吸。雙手握拳，雙腳緊貼地板。也可以把手放在會感覺疼痛的部位。

3 移動到讓自己安心的地方

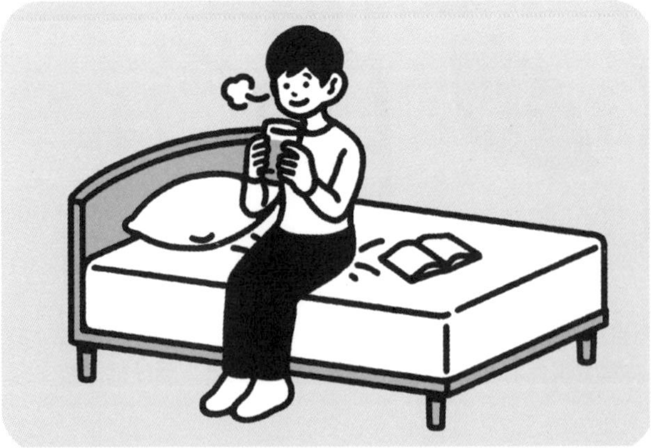

與身體相連後，下一步是與場地相連。請移動到讓你最有安全感的地方，泡杯茶或咖啡享用。遠離隨時都可能爆發爭執之處很重要。

POINT

別去觸碰情緒漩渦，冷處理就好

用「就留在這裡沒關係」的態度坦然接納任何一種情緒

記得，當情緒漩渦愈是激烈，我們就愈是不該直接硬碰硬，而要**把注意力放在自己的身體上**。只要觀察到身體的哪些部位會受情緒波動的影響而產生變化，呼吸時請想像著把氣灌入這些部位的情景。情緒風暴來襲時，呼吸就像能夠穩住船身的船錨，所以在風暴平息以前，建議各位把意識集中在呼吸上。

另一個重點是，**無論湧現的是何種情緒或想法，都要無條件接納**。請拋開「我不能生氣」「哭了很丟臉」等想法，而是坦然接受。

- 神智先生的耳語等於在替情緒柴火上加油，所以聽聽就算了。
- 情緒愈是激動時，愈應該仔細觀察身體的變化。
- 如果情況允許，請轉移陣地到讓自己安心的地方。
- 有情緒不是壞事。但感情用事不是好事！

練習

7

紙鶴與溫柔的手

人生很嚴苛。所以才要寬待自己

人生最不愁的就是沒有痛苦與煩惱。我們在許多時候都會受傷、絕望，還有打擊迎面而來。這時，你想和什麼樣的人在一起呢？A告訴你：「這世上比你痛苦的人太多了。你已經很幸福了，所以不要再抱怨也不要賣慘了。」而B對你說：「你現在很痛苦吧。我會陪你，你不孤單。我們一起克服。」你覺得A和B哪一個比較好呢？我想大多數的人都會選B吧。可是，你會對自己這麼說嗎？**遇到挫折時，不能缺少的是善待自己（自我關懷）**。以下為各位介紹如何關懷自我的練習法。

① 把讓你傷心的話寫在色紙上

把折磨自己的心情寫在紙上。即使只寫了寥寥數語也沒關係。或者也可以寫下某件發生的事。

② 再把該張紙摺成紙鶴

如果不知道紙鶴的摺法，請上網查。請盡量摺得仔細一點。

③ 雙手小心翼翼的捧著紙鶴，把溫柔體貼的心意注入其中。

手中的紙鶴，就是你受了傷的心。如果捏得太用力，手中的紙鶴很快就會扁掉。一定要用雙手拿好，並把溫柔體貼的心意與能量灌入其中。

POINT

把送給紙鶴的溫柔心意也灌注在自己的內心

把手輕輕放在體內感受到心痛的部位

一捏就扁的紙鶴就像受了傷的你。請記住你小心拿著紙鶴時的手部觸感。接著把拿過紙鶴的手，輕輕放在身體覺得痛的部位。例如胸口、腹部、頭部、喉嚨……。除了感受透過手部傳來的暖意，也請全神貫注的注入溫柔體貼的心意與善意。自己抱著自己，對著感覺疼痛的部位吹氣也是很好的方法。以溫柔的話語撫慰也是值得推薦的做法。

接著請試著把這股溫柔也帶給周圍的人。因為每個人都有一顆像紙鶴般脆弱的心。對自己溫柔的人，應該也能溫柔地對待別人。

- 從觸摸紙鶴學習如何撫慰受傷的心。
- 透過手可以傳送溫柔心意與能量。
- 把手輕輕放在感覺到心痛的身體部位，輕聲撫慰也是很有效的方法。

ACT是什麼？
代表不懂的人
發問！

3 如何充分掌握練習法？

近小姐，妳又來了。又是一臉沉重的樣子……難道是我多心了嗎？

啊，我的表情又露餡了嗎？我本來打算要進行練習，但最近太忙，很快就放棄了。我實在是個懶鬼。這樣真的很母湯。難得有機會製作ACT的書，但我這個編輯實在太不稱職了。

近小姐，妳發現了嗎？妳剛才講的這句話，聽起來完全就像和神智先生融合了。

啊！對耶。真糟糕！

所以現在正是從事練習的好時機。那麼，請妳用哆啦〇夢的聲音把剛才的那句話再講一次。
請開始！

嗄！現在開始練習喔？……好啦，我試試看。咳咳。「大雄，我是不是很沒用啊～」

嗯……妳用的是舊版配音員的說話方式呢。畢竟近小姐妳是有點年代的人了。

這是重點嗎！不過，我覺得心情好像變得輕鬆一點了。只要想到是哆啦〇夢講的話就覺得好好笑。

對吧？如果神智先生化身為哆啦〇夢或〇丸子，就不會有被罵的感覺了。而且妳會感覺繼續為這個問題煩惱很蠢。這麼一來就可以和神智先生保持安全距離了。

原來如此。我們不必給自己「我一定得投入訓練！」的壓力，而是只要發現「我好沒用」的念頭出現，就立刻試著脫離融合就可以了吧。

就是這樣沒錯。其實只要能做到專心呼吸就夠了。因為這麼做就能夠與「此時此地」連結。

我不知道這個能不能算是練習，不過我非常喜歡七十二頁的「載了一整車妖怪的巴士」的敘述內容。如果發現自己的腦袋亂糟糟，我就會想到那台巴士。

這樣啊。那駕駛巴士的人是近小姐嗎？

沒錯。我全神貫注地開車，但後面的乘客卻一直說些讓我提心吊膽的話。像是「這本書來得及準時出版嗎？作家是不是偷懶啊？」「總編輯的臉色很難看喔。看樣子妳的下一個企劃不會過關了」。

那麼近小姐妳當下有什麼感受呢？

我覺得很焦慮，也覺得不安。不過，一想到「這些坐在後面的傢伙又在唧唧喳喳了」就覺得好笑，可以聽聽就算了。

太厲害了！都做到這種程度了當然是做到了練習。只要多做幾次，近小姐妳就會離「接納」愈來愈近了。請妳以後繼續努力。

不會吧～居然被誇獎了！好開心。請問老師您有特別偏好的練習嗎？

本書介紹的每一種練習法我都很喜歡。不過我最近迷上用手機拍攝通勤途中的風景。我會拍天空、花等等。

拍照也算是一種練習嗎？

對我來說算。所謂的通勤就是每天都走一樣的路，所以沿途的風景也不會改變。但是隨著季節與天氣的變化，即使是同樣的風景看起來也不會完全一樣。拍照也一樣，只要改變角度，或是拉遠&拉近焦距，就會呈現出截然不同的印象。

該不會這就是培養「進行觀察的自己」吧？

近小姐，妳的實力進步不少呢！沒錯。如果漫不經心，我們就很容易錯過通勤時眼睛所見的事物，但養成從各種角度拍照的習慣，可以讓我們意識到「自己的視角」。而且不只這樣，雖然路上的風景會不斷改變，但是藉由拍照擷取「這個瞬間」，對我而言就是與「現在這一瞬間」連結。

原來如此！能夠輕鬆進行練習很棒呢！

ACT的練習其實有好幾百種。至於為什麼有那麼多種，原因在於在現場實施療法時，治療師會依照案主的煩惱與反應改變方法，所以才會演變成類似free Style的自由發揮。

原來是這樣啊。換句話說，一個人很難只靠自己持續下去嗎？

沒這回事。就像近小姐妳用個人獨創的方式練習一樣，其實我也希望各位能夠在練習的過程中找到像是「嗯，好像有變得輕鬆一點」「哈哈，我發現自己剛才被鉤住了」的方法。但還是要提醒各位一點，ACT不像「Chanyinsyan」，無法立即見效。

武藤老師，不是我要吐槽，什麼「Chanyinsyan」也太LKK了吧。年輕朋友看了一定是一頭霧水吧。簡單來說，這是一句三十幾年前賣得嚇嚇叫的洗髮精的廣告台詞。「Chanyinsyan」是「潤絲洗髮精」的縮寫。

真是讓各位見笑了（笑）。哎呀，不論如何，我們不能否認這是一句很優秀的廣告台詞。妳看我到今天還記得那麼清楚。

這也是身為編輯的我應該學習的地方！

PART 4

為了遵循價值而活的三項練習

用不著去執著於「幸福」帶著心靈專用指南針，朝向價值邁步的人生，就是「我的幸福」

ACT的真正意義是朝著價值邁進

終於到了最後一章。我在本章要為各位介紹的練習是能依循ACT的本質——「價值」而生的方法。

PART3介紹的練習，除了能減輕你的痛苦與不安，也能助你一臂之力，讓你不再被憤怒與悲傷等情緒左右。

但是，僅是「化解痛苦、不安，不再憤怒與悲傷」的人生，是否稱得上有價值呢？

從此與痛苦等負面情緒絕緣當然是好事，但這不過是「這樣比較好」的選擇。**如果你希望為自己打造最棒的人生，這樣的條件並不足夠。**

英文的價值（value），語源是拉丁文的valere。意思包括「有意義、強大、有力」等。簡單來說，這個字彙的意思是努力實踐重要且有意義的事。

朝著價值邁進的人生，有時會遇到困難。除了受到別人的傷害，也可能遭遇出乎意料的慘敗，陷入自我厭惡的情況。我想，心情大受打擊，甚至開始自我否定的人也不在少數。

神智先生的耳語在這種時候當然也不會缺席。他很可能會想說服你「遵循價值而活哪是那麼容易辦到的事」「只要不必承受痛苦不就夠了嗎？」。

遇到這種時候，請各位務必使出「脫離融合」與「接納」這兩招。在「進行觀察的自己」的助陣下，不論何時，你都可以和「此時此地」連結。

做好以上準備，就可以朝著價值邁進了。

所謂的價值就是幫你判斷「這項行動是否有益？」的指標

最重要的是擁有明確的價值觀。如同在PART2已經提過，價值不是目的也不是終點，而是類似替自己指出正確方向的明燈。也是內心「我想這麼做」的渴望。

若是追根究柢，所謂的「價值」，大概相當於下列的關鍵字。

表現親切　勇敢　懷著體貼的心　寬容
成為某個人的後盾　展現恆心毅力　幫得上別人的忙　忍耐力強
有責任感　誠實　勤勉　不放棄
受到信任　正直　能夠自律　當個體貼的人
保持旺盛的好奇心　發揮創意　不斷努力

請各位從上面列舉的詞語中選出你認為對自己最重要的項目，並調整成最適合你的狀態。例如「我想要成為一家的支柱，看到家人臉上的笑容」「我希望能腳踏實地的做自己喜歡的工作，受到身邊的人信賴」等，這就是你的價值。

我想各位只要看了例句就能了解，價值就是「我想要成為〇〇」，而不是「我想要〇〇」「我希望成為能夠得到〇〇的人」。

擁有明確的價值，等同於心中有北極星。就算沒有地圖也沒有指南針，也不會搞錯應該前進的方向。只要跟著北極星走，相信你今後的人生一定更添光彩。

總之，有關練習方法的說明到此結束！事不宜遲，請各位立刻投入為了找出自我價值的練習吧。從各種角度來看，我相信「我想成為這樣的人」「我希望擁有這樣的人生」等明確的想法都會在練習的過程中一一浮現。對此我相當期待。

找出價值後，下一步就是確實執行。為了能夠擁有依循著價值而活的人生，請先訂立目標再去實現吧。

練習

8

弄清楚你的「價值」

你的價值就隱藏在「如果是〇〇的話？」

要弄清楚價值其實有點麻煩。原因很簡單，因為很多人都會產生迷惘，不確定「這個真的是我真正的價值嗎？」故而決定「還是下次再說」的情況並不少見。但這麼一來，不就像某個電視劇台詞所說的「下次再做的人是笨蛋」嗎？別忘了，「下次再做」也屬於神智先生的耳語。

接下來請各位挑戰能弄清楚價值的練習。以下有四個「如果是〇〇的話？」的設定。請各位設想當自己處於這四種情況下的反應為何。請發揮天馬行空的想像力，自由發揮。無須顧慮太多，請跟著自己的直覺走！

假設情況1　80歲大壽的祝壽賀詞是什麼？

為了慶祝你的80大壽，你珍愛的家人與親朋好友都共聚一堂。你希望在這場壽宴上，由哪個人以什麼樣的方式替你這位壽星介紹人生歷程？請在腦海中想像這樣的畫面。

範例包括「他是個點子王，不論與他共事還是私底下出去玩，都讓人充滿驚奇。即使已經80歲依然玩心不減」「媽媽非常體貼人，她的10個孫子都很黏她」。總之，請想想自己到了80歲時，你希望別人用來介紹你的話。另外，畢竟這是虛構的架設，所以不必配合你的年齡設定參加者的年紀。

假設情況2　假如你得到了10億？

假設你獲得了一筆龐大的遺產。你想用這筆錢和誰做什麼事情？另外，成為億萬富翁的你，以後想怎麼過日子？

如果想法是「首先招待全家人來一趟夏威夷豪華之旅，剩下的存起來當作養老基金」，表示你以後想過著腳踏實地的穩定生活，當個顧家的人。如果抱著「想自己開公司創業」的想法，表示你不想安於現狀，想要活得更有挑戰性。

假設情況3 假如你的生命只剩下24小時？

你偶然得知你的生命只剩下24個小時。但是你不能向任何人透露這件事。那麼你會如何渡過接下來的24個小時？

如果你想的是「拿出當丈夫該有的態度，向太太表達愛意。想向她說聲抱歉，因為自己總是把工作當作第一優先」，表示現在幾乎被工作占滿的生活並非你的「價值」。或許你現在該檢視自己的生活型態了。

假設
情況4

如果你可以實現一個兒時的理想？

你小時候希望將來長大要做什麼？你最喜歡的東西是什麼？最嚮往的人又是誰？你理想中的世界是什麼樣子呢。

幼時的你之所以曾經想過「好想成為○○」，是因為從對方身上找到某種共鳴。曾經想過「我想成為消防員」的人，或許是因為有過「我想幫助別人」的想法。曾經想過「我想成為偶像」的人，可能曾經抱著「成為能夠取悅別人的存在」的願望。從兒時的夢想能夠找出「價值」的原點。

POINT

為什麼會有「想做」「想要成為」的願望產生呢？接下來針對其背景一探究竟吧

價值是個人之物。請不要以正確．不正確判斷

或許各位最後會發現這四個假設的答案好像都大同小異。但這就是你的價值。

價值是很個人的事情。沒有所謂正確的價值，也沒有錯誤的價值。但是，如果一個高中生說：「我想整天打電動不去上學。」他這樣的想法就很難與價值產生連結。起碼他要補充說明，例如「我喜歡破關時的成就感。我想要把破關密技與大家分享」。從這段文字中找到的「成就感」「好不容易終於實現」「分享喜悅」，就是這個高中生的價值。換言之，價值隱藏在願望的背後。

- 「如果我是○○」的願望背後，隱藏著價值。
- 只要深入挖掘，即使是乍看之下毫無價值的願望，也會逐漸顯露其價值。
- 只要擁有價值這項基準，做決定時應該就不會被神智先生耍得團團轉。

練習

9

我的人生骰子

想想什麼才是「最適合我的人生」。什麼是人生不可或缺的要素

面對「對你而言價值是什麼？」的問題時，回答「能夠做自己」的人超乎想像的多。但是所謂的「活得像自己」是什麼狀態呢？還有，「像自己的人生」又是怎樣的人生呢？

為了幫助各位釐清這一點，接下來請各位挑戰擲骰訓練。在偶然（命運？）的引導下抵達的方格，上面寫著你的人生關鍵字。請抱著輕鬆的心情，當作遊戲挑戰看看。方法非常簡單，只要挑選自己喜歡的數字。收齊骰子上寫的關鍵字，組合起來是否就是「像自己的人生」？那麼，你的命運數字是多少呢？

1 在□填上6個你喜歡的數字。

〔規則〕

- 在填好所有數字之前，請不要翻到下一頁。
- 在1～55之間任選6個數字。
- 但是，6個數字的總和不得超過60。
- 同樣的數字可以填2次。

從左邊的格子開始填。

填好了嗎？
好了就翻到下一頁吧！

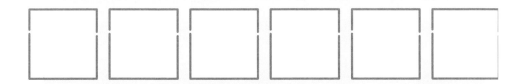

2 以選擇的數字決定前進步數，再把格子裡的字句圈起來

- 從起點依照一開始選擇的數字（從左到右）決定前進步數。
- 如果一開始選擇的數字是10，請走到10的格子就暫停一次。圈起格子裡的字句。
- 接著依照第2個選擇的數字決定前進步數，把格子上的字圈起來。共重複6次。

START

1. 喜歡讀書
2. 進行冒險之旅
3. 一天抽50根菸
4. 受異性歡迎
5. 發現擁有音樂的才華
6. 騙別人的天才
7. 身負150萬元的債務
8. 進入運動社團
9. 發現伴侶出軌
10. 因幫助別人而受到表揚
11. 發現罹癌
12. 成為守護地球的英雄
13. 被夥伴背叛
14. 成為太空人
15. 成為民意代表
16. 結婚
17. 擁有自己的店
18. 成為詐欺犯
19. 遭到逮捕
20. 中了賠率100倍的馬券
21. 懷孕
22. 獲得遺產
23. 重新讀大學
24. 出道成為偶像
25. 環遊世界歸來
26. 與伴侶分居
27. 失去家人
28. 家中被人縱火
29. 成為無家可歸的人

- 30 成為暢銷作家
- 31 出車禍
- 32 被貶職
- 33 離婚
- 34 花錢支持偶像
- 35 遇到詐騙
- 36 成為人氣YouTuber
- 37 成為士兵上戰場
- 38 因服勤40年受到表揚
- 39 成為社長
- 40 蓋了自己的家
- 41 被關入監獄
- 42 三代同堂
- 43 遇到海難
- 44 買別墅
- 45 變成沒有工作的人
- 46 因酒精中毒而住院
- 47 體重超過100公斤
- 48 活到112歲依然精神抖擻
- 49 被喜歡的對象告白
- 50 建立美滿的家庭
- 51 獲得諾貝爾獎
- 52 遇到大地震
- 53 留學
- 54 開公司
- 55 取得專利
- 56 成立有機農場
- 57 擁有平穩的人生
- 58 成為律師
- 59 罹患失智症
- 60 到全國各縣市旅行

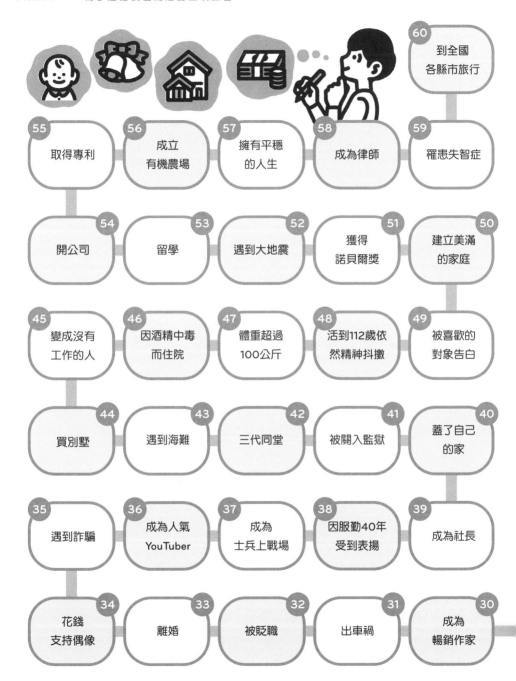

3 在人生投骰遊戲中，發生在你人生中的6件事情是什麼呢？

1
2
3
4
5
6

那麼，在這之中是否有讓你覺得有價值的事物？
如果沒有，請回到前一頁去找找看。

4 從60個方格中選出6個你認為「有價值」的話。

1
2
3
4
5
6

POINT

了解一下任憑偶然擺佈過日子有多可怕吧

只要把覺得「好討厭」的話反著看就會變成「價值」

之所以想讓各位嘗試帶有遊戲性質的練習，**是因為我想讓各位知道「如果讓人生交由命運決定，任由偶然安排會有多麼恐怖」**。依照自己選擇的數字前進應有的步數後，各位應該也會遇到「我想停在這格不要再前進了」的情況。是的，讓你想就就此「停格」的，就是你所追求的人生。

另外，即使是讓你覺得「真討厭」的字句當中，也隱藏著你的價值。我相信「變成沒有工作的人」會讓某些人覺得反感，更不用說「失去家庭」也會讓某些人不寒而慄吧。但如果把這些話反過來看，你就能找到「想要從事值得一生投入的工作」「想要好好珍惜家人」的價值。

- 從60個格子的字句中找到「很符合自己」的項目。
- 具體想像「我的人生想這樣發展」。
- 如果對某個格子的內容覺得「很反感」，那樣的感覺就是你的價值。

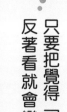

練習 10

四個「價值」與目標設定

ACT強調的是言出必行！從小事做起，一點一滴的實踐

大致掌握了自己的「價值」之後，接著就把它放進「人生的四個領域」。也就是我在PART2已經說明過的**「人際關係」「工作與學業」「個人的成長與健康」「閒暇時間」這四個**。請從你認為這四個領域中對你而言最重要的一個開始進行。

首先請弄清楚自己的價值。依循這個價值，設定一個自己想要達成的目標。目標包括**「現在就能達成的簡單小目標」「短期目標」「中期目標」「長期目標」**。請各位按照這個價值，設定具體且具可行性的目標。

光是在腦中思考不夠，一定要把目標寫下來，貼在自己隨時看得到的地方。為了提高效率，請充分利用目標達成工作清單。

步驟 1 把價值寫在紙上

請在每一個不同的領域中，寫出自己所認為的「價值」。

步驟 2 設定簡單的小目標

設定能夠馬上進行，最簡單的目標。

一開始最好設定小一點的目標。

步驟 3 設定短期目標

接著，設定大約要持續1週～1個月左右的目標。也可以選擇繼續執行步驟②的目標。

步驟 4 設定中期目標

接著篩選出須要耗費幾個月～1年左右完成的目標。請盡量設定能看到具體成果的目標。

步驟 5 設定長期目標

決定一個要花好幾年才能達成的目標。順便想想希望幾年後的自己是什麼樣子。

※如果覺得先設定長期目標，再以階段性的方式完成小目標比較容易達成，也可以顛倒②～⑤的順序。

〔目標達成工作清單〕

請各位參考這分範本，選出對自己而言重要的領域填寫。
這4個領域一開始不必全部填寫。首先只要選出一個實踐即可。

自己的成長・健康

範本

★ 你的價值是什麼？

注意自己的身體，能夠做到自律

★ 寫下現在馬上能做的事

① 上網打聽健身房

② 把晚餐的飯量減少一半

★ 設定目標

短期目標（1週～1個月左右達成）	中期目標（幾個月～1年左右達成）	長期目標（今後幾年內可達成）
① 入會健身房（每星期去1次）	① 可以在泳池連續游2公里	① 5年後維持標準體重
② 通勤時提早一站下車以增加步行機會	② 重新檢討飲食內容	② 每年的健診報告能夠安全過關
③ 把晚餐的飯量減少一半	③ 1年後減少體重5公斤	
	④ 接受健檢	

人際關係

★ 你的價值是什麼？

★ 寫下現在馬上能做的事

★ 設定目標

短期目標（1週～1個月左右達成）	中期目標（幾個月～1年左右達成）	長期目標（今後幾年內可達成）

工作・學業

★ 你的價值是什麼？

★ 寫下現在馬上能做的事

★ 設定目標

短期目標 （1週～1個月左右達成）	中期目標 （幾個月～1年左右達成）	長期目標 （今後幾年內可達成）

自己的成長・健康

★ 你的價值是什麼？

★ 寫下現在馬上能做的事

★ 設定目標

短期目標（1週～1個月左右達成）	中期目標（幾個月～1年左右達成）	長期目標（今後幾年內可達成）

閒暇時間

★ 你的價值是什麼？

★ 寫下現在馬上能做的事

★ 設定目標

短期目標（1週～1個月左右達成）	中期目標（幾個月～1年左右達成）	長期目標（今後幾年內可達成）

POINT

失敗了就啟動B計畫 無須悶悶不樂，只要按部就班，脫離融合就好

如果進行得不順利就重新調整目標

並不是決定好目標，也把目標貼在牆壁上，就能保證之後的發展一切順利。「咦？事情怎麼不如預期發展」是常有的情況。碰到這種時候，請不要悲觀，認為「反正我不管做什麼事都不會成功」。這時你該做的是脫離融合與接納。

失敗的原因不外有三：①目標太過遠大、②達成所需的時間與技能不足、③太過追求完美。

各位可以變更目標無妨。說得準確一點，說不定連價值也有重新檢視的空間。請以「進行觀察的自己」的觀點重新檢視自己目前的生活，並改成執行B計畫甚至是C計畫。

- 目標是可以變更的。請配合目前的生活情況進行調整。
- 連價值本身也可以修正，完全沒有問題。
- 如果進行得不順利也沒關係。不要理會神智先生對你的責備。

ACT是什麼？
代表不懂的人
發問！

4 「價值」到底是什麼？

近小姐，這本書終於要進入尾聲了，但妳的表情為什麼還是很沉重呢……？

武藤老師，我的「價值」是什麼呢？

妳問得好直接啊……妳不清楚自己想要達成的「目標」是什麼嗎？

說來慚愧，但我之前從來沒想過這個問題。光是為了兼顧工作與家庭就讓我忙得焦頭爛額了……。我非常喜歡這分製作書籍的工作，生兒育女也讓我樂在其中。但是，我再幾年就可以退休，而且孩子也都長大獨立了。我想我的心願就是以後和先生兩個人無病無災活到老。

這也算是「價值」嗎？

首先可以讓我反問妳一個問題嗎？話說回來，近小姐為什麼會想做ACT的書呢？

老實說，我去年過世的父親以前是個心理學者。他即使人都躺在醫院了，還是手不釋卷，一直在看ACT的專業書籍。後來我看了父親遺留下來的書和資料……雖然很難，我根本看不太懂（笑），但我的直覺告訴我這一定是一本很有用的書！所以我才會起心動念，想靠著自己的能力做一本讓一般大眾也看得懂的書。

原來如此！近小姐妳不但把父親看得很重要，而且也想要對社會有所貢獻。妳不希望父親的專業知識就此埋沒，沒有派上用場。我可以感覺到因為妳相信ACT能夠造福很多人，進而很想出版這本書的心情。

沒錯！我一直都是製作實用類書籍的編輯，所以這麼多年以來，我做書最重視的原則就是「簡單易讀」「有實用性」「看完了心情會變得正面」。

看來妳除了重視家庭的幸福，也很關心讀者的幸福呢。我想，「在幫助別人的同時，希望自己也能保有健康與笑容」就是近小姐的「價值」。

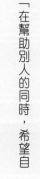

可能是吧。不，我想是這樣沒錯。

那麼，為了妳的價值，妳今後打算怎麼做呢？

我還有幾本書想趕在退休之前一定要製作完成，所以我會先把這些書做出來。健康也是我往後另一個重要的人生課題，我一定要好好運動。雖然我從以前就有參加伸展拉筋班，但以後要投入更多時間。我和我先生共同的興趣是音樂和旅行，也希望有機會一起去聽音樂會和旅行。

這些內容都可以很具體的寫在計畫表呢。我和近小姐算是同輩人，我想每個人的價值都會依照接下來要如何運用手中現有資源而大有不同。有點像如何利用冰箱現有的材料煮飯（笑）。我認為ACT簡直是為中高年齡層量身打造的。

我真的很希望年輕人也能讀讀這本書。畢竟如果早在二十幾歲、三十幾歲就認識ACT，我相信對工作表現一定能發揮加分效果，而且說不定每天也會過得更快樂一點……

近小姐，妳又和神智先生融合了呢。

真糟糕！（用櫻桃小〇子的聲音）「哎呀，我如果二十幾歲的時候就知道ACT就好了。拖到現在實在太晚了」。

啊，近小姐，妳的段位已經提升了喔，很厲害。

能夠得到老師的稱讚，我覺得很光榮（笑）。就算現在才開始也根本沒有太晚的問題吧。只要朝著心中的北極星前進，即使活到一百歲，每一天照樣過得很充實。

說得很好！如果ACT能助各位一臂之力就太棒了。

這本書還有幾頁就要結束了。最後可以拜託武藤老師替我們寫「結語」嗎？

結語……有必要嗎？我認為只要讓讀者讀完整本書再自行判斷就好了。整本書都寫完了，最後還要說「我是抱著這樣的想法寫了這本書」什麼的，我覺得是畫蛇添足。所以就讓本書的結語「從缺」吧。

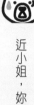

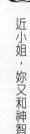

真的很像武藤老師的作風呢！

妳是說「很像嗎」？（苦笑）。總之，我們就一邊祈禱這本書的銷路能夠好到出續集，同時和大家說再見吧。後會有期！

……如果書賣不好要怎麼辦啦～（汗）。我開始緊張了。

近小姐，妳又上鉤了呢。

〈全書完〉

參考文獻等

『ACT（アクセプタンス＆コミットメント・セラピー）をはじめる セルフヘルプのためのワークブック』

『よくわかるACT（アクセプタンス＆コミットメント・セラピー） 明日からつかえるACT入門』

『教えて！ラス・ハリス先生 ACT（アクセプタンス&コミットメント・セラピー）がわかるQ＆A』

『セラピストが10代のあなたにすすめるACTワークブック 悩める人がイキイキ生きるための自分のトリセツ』（全都是星和書店）

『幸福になりたいなら幸福になろうとしてはいけない マインドフルネスから生まれた心理療法ACT入門』（筑摩書房）

WHO「感到有壓力時該做的事：插畫指南」

https://apps.who.int/iris/bitstream/handle/10665/331901/9789240003910-jpn.pdf

ACT Japan網頁

https://www.act-japan-acbs.jp/index.html

善用ACT療法,與內心怪獸共處,接納最真實的自我/ 武藤崇作 ; 藍嘉楹譯. -- 初版. -- 新北市 : 世茂出版有限公司, 2025.02
面 ;　公分. -- (心靈叢書 ; 30)
譯自 : ACT不安.ストレスとうまくやるメンタルエクササイズ
ISBN 978-626-7446-52-2(平裝)

1.CST: 心理治療　2.CST: 行為治療法

178.8　113017258

心靈叢書30

善用ACT療法，與內心怪獸共處，接納最真實的自我

作　者／武藤崇
譯　者／藍嘉楹
主　編／楊鈺儀
封面設計／林芷伊
出 版 者／世茂出版有限公司
地　址／(231)新北市新店區民生路19號5樓
電　話／(02)2218-3277
傳　真／(02)2218-3239（訂書專線）
劃撥帳號／19911841
戶　名／世茂出版有限公司
單次郵購總金額未滿500元（含），請加80元掛號費
世茂官網／www.coolbooks.com.tw
排版製版／辰皓國際出版製作有限公司
印　刷／傳興彩色印刷有限公司
初版一刷／2025年2月

ISBN／978-626-7446-52-2
EISBN／9786267446492（EPUB）／9786267446508（PDF）
定　價／350元

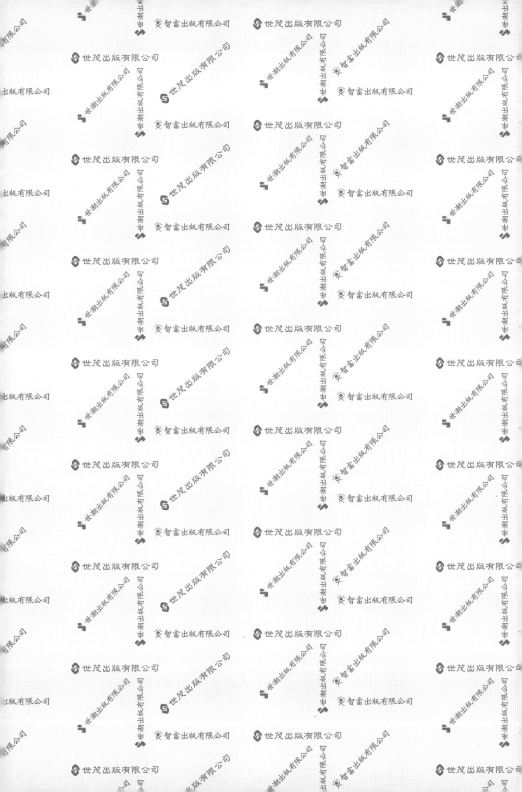